论语
管理素质编码手册

A Coding Manual for Management Competence
Based on the Analects of Confucius

李庆安　主撰

王健　张萌　宋安国　协撰

当代世界出版社

图书在版编目（ＣＩＰ）数据

论语管理素质编码手册 / 李庆安等著 .

北京 ：当代世界出版社 , 2011.11

ISBN 978-7-5090-0789-1

Ⅰ . ①论　Ⅱ . ①李　Ⅲ . ①论语－应用－企业管理－手册 Ⅳ . ① F270-62

中国版本图书馆 CIP 数据核字 （ 2011 ）第 210652 号

书　　　名：论语管理素质编码手册
出版发行：当代世界出版社
地　　　址：北京市复兴路 4 号 （ 100860 ）
网　　　址：http://www.worldpress.com.cn
编务电话：（010）83908403
发行电话：（010）83908410 （传真）
　　　　　（010）83908408
　　　　　（010）83908409
　　　　　（010）83908423 （邮购）
经　　销：新华书店
印　　刷：北京洲际印刷有限责任公司
开　　本：787mm 1092mm　　1/16
印　　张：11.63
字　　数：165 千字
版　　次：2011 年 11 月第 1 版
印　　次：2011 年 11 月第 1 次印刷
印　　数：0001-3000 册
书　　号：ISBN 978-7-5090-0789-1
定　　价：99 . 80 元

林崇德教授 序

孔子说:"吾道一以贯之",曾子领会其用意,说:"夫子之道,忠恕而已矣。"

这就是说,孔子的行为准则,可归结为忠恕二字。那么,什么是忠?什么是恕?

我们认同朱熹的解释:"尽己之谓忠,推己之谓恕。"通俗地讲,替人办事时,能够尽心尽力,就叫做"忠";对于他人的经历,能够感同身受,就叫做"恕"。

提到"忠",我不禁想起了组织心理学的四个关键词:组织承诺(organizational commitment)、组织认同(organizational identification)、工作满意度(job satisfaction)和心理契约(psychological contract)。在过去的 40 多年里,这些关键词受到许多心理学家的高度关注。如果说,组织承诺、组织认同和工作满意度的行为特征是雇员尽心尽力地为组织做事,那么,心理契约的行为特征就是雇主与雇员双方都尽心尽力地替对方做事。可见,组织承诺、组织认同、工作满意度和心理契约的行为特征,与"忠"的行为特征,是高度一致的。

说到"恕",英文单词"empathy"立刻浮现于我的脑海之中。长期以来,中国心理学界始终没有找到一个与"empathy"相对等的汉语词。我的弟子庆安博士认为,"empathy"应译为"恕"。1909 年,Edward B. Titchener(1867-1927)为了将德文的"einfühlungsvermögen"译为英文,特别制造了英文的心理学术语"empathy"。在过去的 100 多年里,"empathy"一直受到咨询心理学家的密切关注。在西方心理学家看来,所谓"empathy",就是对他人正在体验的悲伤与幸福等情感加以识别并适度分享的能力。可见,庆安关于"empathy"应译为"恕"的观点,是站得住脚的。

说到"恕",我也不由自主地翻出了皮亚杰和英海尔德的《儿童的空间概念》一书,重温其中的三山实验。如二位作者所言,该实验有两个目的:第一,探讨将许多观点联系在一起的整体系统的建构;第二,考察儿童所建立的他自己的观点与其他观察者的观点之间的关系。在我们看来，三山实验的本质，就是探讨儿童从他人的视角观察问题的发展规律，亦即儿童"恕"的发展规律。从《儿童的空间概念》第一版出版的时间1948年算起，迄今为止，西方心理学界关于"恕"的实验研究，已经有61年的历史了。

说到"恕"，我又想到了"观点采择"（perspective-taking），这是指"从他人的眼中看世界"或者"站在他人的角度看问题"（Shantz,1983）。可见，"观点采择"的本质，亦是"恕"。在过去的30多年里，儿童观点采择的发展问题，一直是社会认知发展领域研究中备受关注的课题之一。我的博士生张文新教授的博士论文题目，也涉及"观点采择"四个字。

说到"恕"，我还必须想到"心理理论"（theory of mind）。1978年，David Premack 和 Guy Woodruff 在《黑猩猩有心理理论吗？》的研究报告中，提出了"心理理论"的概念，这是指对他人的心理状态进行判断、解释和预测的能力。可见，"心理理论"的本质，亦是"恕"。在过去的30多年里，"心理理论"已经成为比较心理学、发展心理学和社会神经科学的研究热点之一。我的博士生黄天元的博士论文，也是围绕"心理理论"而展开的。

因此，无论是皮亚杰的三山实验，还是其他西方心理学家关于"theory of mind""perspective taking"以及"empathy"的探讨，其本质都是关于"恕"的探讨。西方心理学界对于"恕"的关注程度，由此可见一斑。孔子思想的伟大，亦由此可见一斑。

无疑，在孔子的思想中，除了"恕"与"忠"的品质以外，尚有众多伟大的品质，不过，这些品质始终处于松散的状态，未能整合为科学的评价与训练系统，更缺乏实证研究的基础。

在过去的2500多年里，涉及《论语》的论著汗牛充栋，可是，大多属于思辨研究的风格，很难看到属于实证研究的成果。因此，围绕《论语》的论争，也往往基于主观的好恶，而非客观的数据。例如，针对宋朝宰相赵普的故事引出的"半部《论语》治天下"的命题，有人赞同，有人反对。然而，不管是赞同者，还是反对者，都是基于主观的判断，而非客观的科学研究。

庆安主撰《论语管理素质编码手册》的目的，正是将《论语》中丰富却松散的管理品质整合成一个有机的系统，并进行一系列的实证研究：（1）编码和整理涉及管理素质的访谈材料；（2）研制有中国特色的《管理素质问卷》；（3）建构有中国特色的管理素质模型；（4）考察管理素质与工作绩效等变量的关系；（5）考察管理素质的影响因素；（6）创建有中国特色的管理素质理论；（7）探讨有中国特色的管理素质理论能否解释、预测和控制外国人心理与行为的问题。

可以预期，《论语管理素质编码手册》将为《论语》研究的科学化提供一个重要的编码工具。我们一直倡导继承与创新中国的经典智慧，一直倡导中国心理学的国际化。《论语管理素质编码手册》的研制正是对这种倡导的积极响应。

《论语管理素质编码手册》开辟了一条整合中国国学与西方心理学的新途径，为有中国特色的管理素质模型的建构，提供了一个具有科学性、创新性和可操作性的编码工具。

是为序。

林崇德

2011 年 7 月 29 日

于北京师范大学

怡学法师 序

中国国学将遭遇何种命运？

要探讨这个问题，有必要阅读列文森（Joseph R. Levenson, 1920–1969）的《梁启超及现代中国的心灵》和《儒教中国及其现代命运》二书。从 20 世纪 60 年代开始，这两部书就已经成为美国学术界讨论儒家传统的重要参考资料。书中的观点在当时就很有说服力，长期在美国学术界，特别是中国思想史研究的领域里，发生极大的影响。

列文森生前执教于美国加州大学伯克利分校。他是一个虔诚的犹太教徒，对西方有深刻的理解，被称为"莫扎特式的历史学家"，是一个杰出的中国学研究者。

《梁启超及现代中国的心灵》是列文森的博士论文。该书涉及一个独特的研究思路：从了解梁启超来了解现代中国读书人的心灵，从了解中国读书人的心灵来了解儒教中国的现代命运（杜维明，2002，p.502）。该书涉及一个独特的判断：梁启超在情感上依恋中国，在理智上却认同西方。这就等于说，梁启超的人格被撕裂了。在中国的读书人群体中，这种类型的人格撕裂是一种普遍现象。作为中国第一流的读书人，梁启超尚无法摆脱这种类型的困境，何况是其他人呢？照此推断，中国国学的命运将会凶多吉少。

《儒教中国及其现代命运》涉及三个特殊词：语言改变、词汇扩充和博物馆化。

列文森认为，在南北朝和唐朝时代，通过中国儒学与印度佛教之间的对话，双方都扩充了对方的词汇，却都没有改变对方的语言。鸦片战争以前，在中国与西方的对话中，受影响的也仅是中国的词汇，而不是中国的语言。

现代中国遭遇现代西方以后，倘若受影响的仅仅是中国的词汇，仅仅是其细节，而不是读书人的生活风格，那么，中国与西方相遇的影响，在质上对于双方是一样的。这是因为，文化的传播是双向的，中国和西方都相互接受着对方的观念。然而，现实正好相反：现代中国遭遇现代西方以后，西方对中国的影响是改变了中国的语言，而中国对于西方的影响则只是扩充了西方的词汇。显然，在列文森的文字中，"词汇扩充"和"语言改变"都是比喻的说法。如果说，"词汇扩充"意味着量变或渐变，那么，"语言改变"就意味着质变或突变。因此，现代中国遭遇现代西方之后，中国被西方化了，而西方则没有被中国化。二者之间进行了一场极不公平的游戏。

一旦中国被西方化之后，中国的传统与现代就要断裂了。为了形象地刻画这种断裂，列文森提出了一个特别的名词——博物馆化（museumified）。他认为，在现代中国人的心目中，中国的传统已经成为可以满足情绪需要却未必有实用价值的古董，亦即被博物馆化了。通过博物馆化，中国的传统固然可以得到一小部分的延续和保存，但是，绝大部分将可能被永远地遗忘。为了强调"遗忘"，列文森借犹太教哈希德派 (Hasidim) 的一则传说，来概括中国的故事：

申巴尔（Baal Shem）每每碰到那个棘手的难题，就会走进神林深处那块圣地，点燃圣火，然后，跪在地上默念密咒。结果，难题被化解了。

到申巴尔的儿子一代，如果碰到同一个难题，他也会走进神林深处那块圣地而说："圣火我们不会点燃了，但是，密咒我们还会念。"结果，难题也被化解了。

再到申巴尔的孙子一代，假若碰到同一个难题，他还会走进神林深处而说："圣火我们不会点燃了，密咒我们也不会念了，但是，我们的确还记得与神林深处那块圣地相关联的一切。"即使如此，难题还是被化解了。

但是，到申巴尔的曾孙一代，如果碰到同一个难题，他会待在城堡里，端坐在金椅上说："圣火我们不会点燃了，密咒我们也不会念了，那块圣地我们也找不到了，不过，我们还会讲述那个美丽的传说。"

许多人错误地以为，列文森对孔子和儒家有极大的仇恨。杜维明教授说，他接触了不少列文森的同事、学生，同时，也认识了列文森的家人，并成为好友。杜维明教授发现，列文森对于儒教现代悲惨命运的描述，其实是源于他对自己的犹太文化的一种忧心如焚的终极关怀，对犹太文化前景的描述，乃至对所有轴心时代的精神文明的描述。他的学生常常说他曾为儒家文化悲泣流泪。他并不认为儒家文化的销声匿迹是件好事（杜维明，2002，p.506）。

列文森关于儒家命运的研究结论，对于我们把握佛家、道家和中医的命运，乃至中国国学的整体命运，何尝不是一记警钟呢？

中国国学是否都存在被"博物馆化"的危险呢？

中华民族的子孙是否正在重蹈"申巴尔曾孙"的覆辙呢？

我之所以创建什刹海书院，正是由于对国学命运的堪忧，并试图借此担当振兴民族文化的一份责任，探索国学贴近实践的路径。

民族文化如何复兴？不仅需要重新认识国学之精髓，更需要将其整合于实践。

李庆安教授主撰的《论语管理素质编码手册》，可以说是如何将国学经典运用于当代社会的一种富于创意的尝试。这项研究成果的最大特点是，以《论语》的管理思想为"体"，以西方心理学的研究方法为"用"，并可运用于现实的管理实践。要避免列文森所描绘的儒家那种悲惨的命运，要避免佛家、道家、中医乃至中国国学整体被"博物馆化"的那种命运，急需李庆安教授的这种研究成果。

是为序。

怡学

2011 年 6 月 29 日

于北京什刹海书院

中国心理学国际化的思考——代前言

如果说，西方心理学的中国化意味着中国学习西方（简称"学西方"），意味着中国输入了心理学的西方模式，那么，中国心理学的国际化则标志着世界学习中国（简称"学中国"），标志着世界输入了心理学的中国模式。纵观 20 世纪中国心理学的历程，就不难看出"学西方"的主线。

为什么 20 世纪中国心理学必须选择"学西方"的主线呢？ 21 世纪中国心理学，是继续走"学西方"的老路，还是开创中国心理学国际化的新路？如何开创中国心理学国际化的新路？

关于这些问题的思考，是我们研制《论语管理素质编码手册》的关键背景。我们拟先反思 20 世纪西方心理学中国化的主线，然后，探讨 21 世纪中国心理学国际化的若干思路，最后，将交待《论语管理素质编码手册》的结构与功能。

一　20 世纪中国心理学的主线是"学西方"

在整个 20 世纪，中国心理学的主线是"学西方"还是"学中国"，亦即西方心理学的中国化还是中国心理学的国际化？

要回答这个问题，须先反思 20 世纪中国心理学的历程。20 世纪中国心理学的历程，可大致分为五个阶段：

第一阶段，从 1900 年到 1949 年。这是"学西方"的阶段。

1907 年到 1911 年间，蔡元培留学德国，亲自聆听过"西方心理学之父"冯特讲授的心理学课程。1917 年，蔡元培担任北大校长后，直接推动心理系与心理研究所的建立。正是这一年，陈大齐在北大创建了中国第一个心理学实验室。1920 年前后，赴美留学的唐钺、陆志韦、陈鹤琴和张耀翔等中国第一代心理学家，相继归国，分别在北大等高校讲授心理学课程，掀开了中国学生"学西方"的第一页。直到 1937 年，中国心理学的教学与研究，都在认真地学习和吸收西方心理学，并取得了可喜的成绩。然而，1937年至1945年的抗日战争，以及1946年至1948年的解放战争，使中国社会不断处于动荡与不安的宏观背景。在这种宏观背景中，中国心理学的教学与研究，只能时断时续，要取得重大突破，谈何容易！

第二阶段，从1949年到1958年。这是"学苏联"的阶段。

这个阶段属于建国初期。其间，中国大陆的学术界，提出了"向苏联学习"的口号。当时，人们以为，只要学好了苏联心理学，就可以改造西方心理学，就可以建立新的理论体系。这种学习也确有一些收获。例如，中国心理学家初步掌握了条件反射实验方法，建立了动物与人类条件反射实验室，验证了巴甫洛夫学说的经典实验，开展了一些基本理论问题的评论和探讨性的研究。无疑，这些工作为中国心理学的进一步发展，打下了一定的基础。

第三阶段，从1958年到1965年。这也是"学西方"的阶段。

在这个阶段，康生信口开河的一个决定，就狠狠地折腾了一把中国心理学，请看薛攀皋（2007）解密的那段历史：

1958年6、7月间，中共中央文教小组副组长康生，借"教育革命"之机，与中宣部负责人策划一场波及全国的心理学批判运动。他们说建国以来我国高等学校的教材，尤其是社会科学教材，基本上都是从苏联翻译过来的，如果苏联变修了，应从何入手批判？康生提出，苏联的教育学对我们的影响很大，是不是先批判教育学。中宣部负责人说：我们引进的凯洛夫教育学是斯大林时代的产物，如果批判，不就乱了吗！他建议批判心理学。于是康生决定：就批心理学吧！康生还定调说：心理学是党性的阶级分析的社会科学。7月初，中宣部将批判心理学的任务迅速下达给北京师范大学，康生是这所大学的名誉教授，意思是这把批判之火先从北师大点燃，再烧遍全国。7月底，北京师范大学教育系心理教研室两条道路斗争运动开始，教授彭飞、朱智贤和全体讲师受到批判围攻。北师大的心理学批判运动，很快跨越校园扩及北京、天津，乃至全国心理学界。仅8月中，北师大就连续召开了三次千人以上的批判大会，中国科学院和北京大学的心理学教授，也都成为批判对象。《光明日报》推波助澜，在两个月内刊发了 40 篇批判文章和批判运动的详细报道。

1959 年，这场批判运动的错误得到纠正。随后，中国心理学家的教学与科研热情，又被激活。在前一阶段，对国外心理学的介绍，只注意苏联，此时，已经扩展到欧、美、日等国的研究成果；并从以往单篇论文翻译过渡到综合评价。因为研究环境的相对稳定和宽松，中国心理学重新呈现欣欣向荣的景象（薛攀皋，2007）。通读相关心理学论著，从研究内容与研究方法看，此阶段的中国心理学，再度走上了"学西方"的轨道。

第四阶段，从 1966 年到 1976 年。这是"被蹂躏"的阶段。

1965 年，陈立、汪安圣在《心理学报》发表了《色、形爱好的差异》一文。1965 年 10 月 28 日，姚文元在《光明日报》化名"葛铭人"（"革命人"的谐音），发表了《这是研究心理学的科学方法和正确的方向吗》一文。姚文元向陈立发难了。早在 1959 年 4 月 20 日，姚文元在《新闻周报》发表过《外行读报谈"心理"》一文，批判心理学家谢循初关于人的心理并不都有阶级性的观点。这一次，姚文元借批判陈立，老调重谈，武断地认为，阶级性是心理学研究的唯一对象，阶级分析是心理学唯一正确的研究方法。心理学不研究人的阶级性，而去研究心理发生发展的共同规律，就是"资产阶级腐朽的心理学"、"伪科学"（薛攀皋，2007）。

当时，姚文元是上海市委宣传部的干部，还不算高官。1966 年，他成为中央文革小组成员，所以，他对心理学的全盘否定就具有了杀伤力。造反派都以姚文元的文章为标准划线，认为对姚文元的文章"是拥护还是反对，反映出心理学界两个阶级、两条路线的斗争"。中科院心理所的三位副所长曹日昌、丁瓒和尚山羽，全都以有病之身受批斗迫害辞世。1969 年 6 月，中科院心理所被撤销（薛攀皋，2007）。不久，全国高校的心理学课程被停开，实验室被拆毁，有些心理学论著被列为禁书，甚至被烧毁，许多心理学家下放劳动，有的被迫改行。这种状况一直延续到 1976 年。是的，中国心理学又被恶毒地蹂躏了整整 10 年！

第五阶段，从 1977 年到 2000 年。这也是"学西方"的阶段。

中国心理学教学与科研活动的全面恢复，始于十年动乱结束之后的 1977 年。不过，从 1975 年起，希望的曙光，就开始照射中国心理学。对此，薛攀皋（2007）提供了一个令人激动与感动的镜头：

> 1975 年，"文化大革命"进入第十个年头，邓小平复出主持全面整顿。7 月中旬，胡耀邦等奉派到中国科学院进行整顿。10 月 6 日，胡耀邦到正在恢复组建的心理研究所调查研究。当负责人希望他为研究所指明方向任务时，胡耀邦快人快语说：你们应该自己提出意见，自己坚持意见，这个方向不对走不通，走另一条路。心理学的高峰，我不晓得有多高，是从南坡爬还是从北坡爬？我不知道，总要攀上去。在你们面前有心理学的珠（穆朗玛）峰，你们现在爬了多少？跌了多少跤？走了多少弯路？跌了跤没有关系，人不跌跤成长不起来。你们登不上去，下代再攀。

1977 年 6 月 24 日，国务院批准重建中科院心理所；全国高校心理学的教学与科研活动，也陆续恢复。北大、华东师大成立了心理系。该年 8 月，全国心理学学科规划座谈会成功地召开于北京，来自全国各地的 23 位代表参加，初步制订了心理学学科的发展规划及实现规划的措施。该规划在中国心理学发展史上是一个重要转折点（林仲贤等，1992）。从 1978 年开始，中国心理学界恢复了与国际心理学界的交往。1980 年，中国心理学会加入了国际心联。从 1977 年到 2000 年的 23 年间，中国心理学再次踏上了"学西方"的道路，并取得了长足的进步。不过，诚如恩师在《林崇德口述历史》一书中所说："当前也存在着诸多不足，最主要的是表现在心理学还不能很好地适应社会主义现代化建设的需要，不能有效满足我国人民日益增长的物质生活和精神生活的需要，在学习与独创、理论建设与适应国情、研究与应用等方面，与国外尚有较大差距。"（林崇德，2010，p.122）

显然，20 世纪的前 50 年，中国心理学两次经受战争的磨难。在 20 世纪的后 50 年，被康生之流折腾过一把，被姚文元之徒蹂躏过 10 年。在整个 20 世纪，中国心理学的主线是"学西方"，虽有过"学苏联"的片断。

如果说，20 世纪中国心理学的主线是"学西方"，那么，这种"学西方"的主线可以收获什么结果呢？

根据 Haggbloom 等人 (2002) 的研究报告，在 20 世纪 100 位最杰出的心理学家中，排前 5 位的是美国心理学家斯金纳（Burrhus Frederic Skinner, 1904—1990）、瑞士心理学家皮亚杰（Jean Piaget,1896—1980）、奥地利心理学家弗洛伊德（Sigmund Freud,1856—1939）、美国心理学家班杜拉（Albert Bandura, 1925—）和美国心理学家费斯汀格（Leon Festinger，1919—1989)。

在前 5 位中，没有一个中国人。即使在前 100 位中，也照样没有一个中国人！

如果说，"20 世纪 100 位最杰出的心理学家"是 20 世纪心理学的高峰，亦即 20 世纪心理学的珠峰，那么，没有一个中国人登上 20 世纪心理学的珠峰！

既然 20 世纪中国心理学的主线是"学西方"，那么，20 世纪的中国心理学，当然与"被学"无缘。试看 20 世纪 100 位最杰出的心理学家，他们的确有过"学"的经历，然而，使他们变成"最杰出的"，不是因为"学"，而是因为"被学"。这样，为什么没有一个中国人登上 20 世纪心理学珠峰的问题，就不难理解了。

二　21 世纪中国心理学须树立"学中国"的志气

心理学的珠峰到底有多高？作为一个政治家，胡耀邦不知道，也不必知道，但是，中国心理学家都必须知道！

中国心理学要不要攀登心理学的珠峰？

胡耀邦态度坚决：必须攀登，一代接一代地攀，直到登上去为止！

那么，中国心理学该怎样攀登心理学的珠峰？

胡耀邦说："是从南坡爬还是从北坡爬？我不知道！"

胡耀邦的表层言语是"不知道"，而深层言语则是"知道"：要攀登心理学珠峰，须讲究攀登的方法（从南坡爬还是从北坡爬），亦即心理学的研究方法！

朱智贤教授也说过："心理科学，包括发展心理学的研究水平，直接决定于研究方法。"（朱智贤、林崇德等，1991）

20 世纪 100 位最杰出的心理学家，斯金纳、皮亚杰、弗洛伊德、班杜拉和费斯汀格等等，均创立过富于解释、预测和控制功能的理论，同时，也创立过巧妙的研究方法。

如果说，"21世纪100位最杰出的心理学家"是21世纪心理学的珠峰，那么，中国心理学家能否登上21世纪心理学的珠峰，主要决定于两个变量：第一，能否创建富于解释、预测和控制功能的心理学理论；第二，能否创设巧妙的研究方法。

如果说，20世纪中国心理学的主线是"学西方"，那么，即将过去的21世纪头10年，其主线依然是"学西方"，亦即西方心理学的中国化。

如果说，20世纪中国心理学的主线是"学西方"，那么，21世纪中国心理学须开始树立"学中国"的志气！

"学西方"——西方心理学的中国化，大致有七种表现形式：第一，理论与概念基本照抄西方心理学论著；第二，测量工具基本翻译西方心理学量表；第三，实验设计基本模仿西方心理学杂志；第四，昂贵的实验设备基本采购于西方心理学仪器公司；第五，结果验证了西方心理学家的理论；第六，被试基本为中国人；第七，目的是解决中国人的心理与行为问题。这种"学西方"的模式，在国际心理学界，会有多大的吸引力和竞争力？答案不言自明。

"学中国"——中国心理学的国际化，亦有七种表现形式：第一，理论与概念主要是中国人自主创新；第二，测量工具主要是中国人自己编制；第三，实验设计主要是中国人自主创新；第四，实验设备主要是"中国创造"；第五，结果主要是验证中国心理学家的理论；第六，被试既有中国人，也有外国人；第七，目的既涉及到解释、预测或控制中国人的心理与行为，也涉及到解释、预测或控制外国人的心理与行为。

写到这里，我不禁想起了祖师爷朱智贤教授与恩师林崇德教授一起分析中国心理学现状的一段话语：

翻开西方的教育科学著作，几乎全部都是西方学者自己的研究材料；翻开苏联的教育科学著作，几乎每本书都有一种强烈的俄罗斯民族自豪感……然而，当我们看一下我国自己的有关著作时，简直令人惭愧，1949年前学习西方，20世纪50—60年代主要是照搬苏联，"文革"后又开始恢复西方热……如此下去，哪天才能建立起我们自己的心理科学体系？（林崇德, 2008, p.56)。

　　这段话折射了中国心理学的两位泰斗对西方心理学中国化的忧患意识，以及对中国心理学国际化的责任意识。

　　要实现中国心理学的国际化，必须建立有中国特色的心理学。针对有中国特色的心理学，中国心理学泰斗潘菽教授作了精辟的判断：

　　为了要改造现在的心理学，以建立适合我国社会主义现代化建设要求的心理学，必须挖掘我国古代心理学思想这个宝藏。这个宝藏有丰富而可贵的蕴藏。其中有些蕴藏，从初步考察来看，是世界上其他地方所没有的，可以用来构成中国自己所需要的科学心理学的体系的重要骨架部分……我国古代心理学思想这个矿藏是大量的，我们要做的挖掘研究工作也是大量的。这是将构成我国心理学体系中最显特色的一部分。因此，我们所要付出的大量劳动也是非常值得的，这是改造旧心理学、建立有中国特色的科学心理学所必经之途（潘菽, 2007, p.216)。

　　无数例证可以支持潘老的判断。姑且不说《周易》和《老子》等经书，仅以《论语》为例。请先看《论语》中的一段对话：

　　子曰："赐也，女以予为多学而识之者与？"对曰："然，非与？"曰："非也，予一以贯之"（朱熹, 1983, p.161）。

　　这是孔子向子贡传授其学习观，涉及两个命题：（1）学习的本质，不是依靠反复感知而去牢记相关知识；（2）学习的本质，是对反复感知的材料，依靠思维而概括为一条条规律，然后，用这些规律将反复感知的材料贯穿为一个个有机的整体。这就是说，在孔子看来，学习是感知与思维相结合的过程，亦即积累与贯通相结合的过程。再看看西方心理学家的相关学说：桑代克(Edward L. Thorndike)的"试误说"与柯勒(Wolfgang Kohler)的"顿悟说"，前者重积累，后者重贯通，各执一端，相互对立，都未能把握学习的本质。两千多年前的孔子，却提出了积累与贯通相结合的学习观（燕国材，1998，p.50)。孔子的这种学习观，当属"世界上其他地方所没有的"那个部分。

再看孔子的一句名言："古之学者为己，今之学者为人"（朱熹，1983，p.155)。依照程子的解读，"为己"，就是欲得之于己;"为人"，就是欲见之于人（朱熹，1983，p.155)。显然，孔子将学习动机分为两类：(1)为己而学，亦即为了切实提高自己的知识与技能而学习；(2)为人而学，亦即为了向他人证明自己的知识与技能而学习。

20世纪80年代，美国心理学家Carole Ames等人将学习动机亦分为两类：(1)掌握目标（mastery goals）；(2)表现目标（performance goals）。如果说，聚焦掌握目标者注重自己是否开发了新技能的问题，那么，聚焦表现目标者则注重他人是否评定自己为能干者的问题（Ames & Archer,1987;1988)。

当今美国心理学家与2500多年前的孔子，观点是何等相似！可惜，许多中国心理学家极度熟悉美国心理学家的观点，却全然不知孔子的观点！

类似的例证，在《论语》中不胜枚举，在《周易》等经书中，也比比皆是。总之，潘老关于"我国古代心理学思想这个矿藏是大量的"判断，可以被无数例证支持。

那么，如何挖掘中国古代心理学思想的宝藏呢？

关于这个问题，可以见仁见智。我们以《论语管理素质编码手册》的研制为切入点，试图挖掘中国古代心理学思想的宝藏。选择该切入点，基于两大原因：第一，我们目前正在进行党政干部与企业家管理素质的课题研究；第二，《论语》蕴含着丰富而伟大的管理品质。我们随手摘录《论语》的一段对话：

子张问于孔子曰："何如斯可以从政矣？"

子曰："尊五美，屏四恶，斯可以从政矣。"

子张曰："何谓五美？"

子曰："君子惠而不费，劳而不怨，欲而不贪，泰而不骄，威而不猛。"

子张曰："何谓惠而不费？"

子曰："因民之所利而利之，斯不亦惠而不费乎？择可劳而劳之，又谁怨？欲仁而得仁，又焉贪？君子无众寡，无小大，无敢慢，斯不亦泰而不骄乎？君子正其衣冠，尊其瞻视，俨然人望而畏之，斯不亦威而不猛乎？"（朱熹, 1983, p.194）

在这段对话中，孔子不仅细说了"五美""四恶"的具体内容，而且提供了相应的操作定义。在孔子看来，如果子张能够"尊五美，屏四恶"，就可以"从政"了，亦即可以从事领导工作了。其实，何止子张，今天的各级领导干部，如果完全具备"尊五美，屏四恶"的管理品质，也足以成为优秀的领导人才！

20 世纪 70 年代末，始于小岗村的农村改革，给其中"惠而不费"的管理品质，提供了一个生动的注脚。

1978 年 11 月 24 日晚上，安徽凤阳县小岗村的 18 位农民，在不满 29 岁的生产队副队长严宏昌的谋划和带领下，举行了一次秘密会议，以敢为天下先的勇气，率先突破旧体制，立下字据，实行包干到户，拉开了中国农村改革的序幕。1979 年秋收时节，小岗村粮食总产量相当于全队 1966 到 1970 年 5 年粮食产量的总和（陈桂棣等, 2009；俞如先, 1999）。

1980 年 5 月 31 日，邓小平在一次重要谈话中，公开肯定了小岗村"大包干"的改革。1982 年的中央 1 号文件明确指出，包干到户、包产到户，都是社会主义集体经济的生产责任制。1983 年的中央 1 号文件，将这种承包经营制度重新概括为"家庭联产承包责任制"。中国因此创造了令世人瞩目的用世界上 7％的耕地养活世界上 22％人口的奇迹（陈桂棣等, 2009；俞如先, 1999）。

通过包干到户，整个小岗村都得到了巨大的实惠，可是，副队长严宏昌并没有花生产队或上级政府一分钱，他所做的是"谋划和带领"。"惠而不费"不是别的，正是严宏昌这种"谋划和带领"的管理品质。

通过"家庭联产承包责任制"，中国农民和整个中国都得到了巨大的实惠，可是，邓小平并没有花国家财政一分钱，他所做的是"支持与推动"。"惠而不费"不是别的，正是邓小平这种"支持与推动"的管理品质。

显然，"惠而不费"的管理品质，不仅可以体现于国家最高领导人，而且可以体现于农村最基层的干部。这是一个何等平凡而伟大的管理品质！

可以说，"尊五美，屏四恶"的其他品质，也同"惠而不费"一样，既平凡又伟大。在《论语》中，这种平凡而伟大的管理品质，比比皆是。难怪宋朝宰相赵普的故事引出了"半部《论语》治天下"的命题（夏传才，2007，p.27）。难怪日本现代管理思想家伊藤肇要说："日本企业家只要稍有水平的，无不熟读《论语》，孔子的教诲给他们的激励影响至巨，实例多得不胜枚举。"难怪海尔集团董事局主席张瑞敏要将《论语》倒背如流，还向员工推介《论语》（吕国荣，2008）。

虽然《论语》蕴含着丰富而伟大的管理品质，但是，这些品质始终处于松散的状态，尚未整合成科学的评价与训练系统，并缺乏实证研究的基础。我们研制《论语管理素质编码手册》的目的，正是将《论语》中丰富却松散的管理品质整合成一个有机的系统，并进行一系列的实证研究：（1）编码和整理涉及管理素质的访谈材料；（2）研制有中国特色的《管理素质问卷》；（3）建构有中国特色的管理素质模型；（4）考察管理素质与工作绩效等变量的关系；（5）考察管理素质的影响因素；（6）创建有中国特色的管理素质理论；（7）探讨有中国特色的管理素质理论能否解释、预测和控制外国人心理与行为的问题。

总之，对中国心理学国际化问题的思考，是我们研制《论语管理素质编码手册》的关键背景。该《手册》的研制本身，则是我们挖掘中国古代心理学思想宝藏的一个切入点，试图为中国心理学的国际化尽一点绵薄之力。

三　《论语管理素质编码手册》的结构与功能

《论语管理素质编码手册》的核心任务，是回答四个问题：（1）在《论语》中，哪些章句涉及管理品质？（2）从这些章句中，可以提取哪些管理品质？（3）这些管理品质的含义是什么？（4）如何将访谈材料编码为管理品质？

为了系统地、直观地、实用地回答这四个问题，《论语管理素质编码手册》的正文，特别采用表解的形式，亦即"《论语》管理品质表解"。"表解"分为四栏，其中，第一栏的任务是回答第一个问题，第二栏的任务是回答第二个问题，第三、第四栏的任务是回答第三个问题。只要回答了前三个问题，第四个问题即可迎刃而解。为了便于叙述，兹摘取正文的一个表解，亦即"表04.01"。

表 04.01 道 DA

章句、主题 章句号 章句码	品质代码	品质略解	品质详解
04.01 道 DA 子曰："参乎！吾道一以贯之。"曾子曰："唯。"子出。门人问曰："何谓也？"曾子曰："夫子之道，忠恕而已矣。"（里仁第四；朱熹，1983，pp.72-73）	①道 DAA ②贯 DAB ③忠 DAC ④恕 DAD	①道：日用事物当行之理。 ②贯：通也。 ❖一以贯之 ③忠：中心为忠，尽己之谓忠。 ④恕：如心为恕，推己之谓恕。	①道：(1) 客观存在的自然规律；(2) 客观存在的自然法则。"道"因其纯粹客观的性质而具有不变性。 ②贯：(1) 贯通；(2) 贯穿。 ❖一以贯之：将一条不变的规律始终贯穿于整个人生，贯穿于生活、学习和工作之中。心理学概念"迁移"的本质，就是"一以贯之"。 ③忠：替人办事时，能够尽心尽力。 ④恕：对于他人的经历，能够感同身受。"empathy"这个英文单词，到底该怎样翻译？长期以来，这个问题始终困扰着中国心理学家。可以看到许多译法，如"神入""感情移入""共情"和"同理心"等（钱铭怡，1994，p.33）。其实，将"empathy"译为"恕"，再贴切不过……

由表 04.01 可见，"表解"的第一栏包括五项内容：

（1）章句，即有关的《论语》章句。历代《论语》版本众多，篇章数目各有出入。今传本现存 20 篇，487 个章句（夏传才，2007，p.22）。《论语管理素质编码手册》

（简称"本《手册》"）涉及 111 个章句，约占《论语》章句总数的 23%。

（2）主题，即章句的主题。本《手册》所涉及的 111 个章句，均分别划归七个主题，此外，每个主题均赋予一个名称。例如，在表 04.01 中，"04.01 道 DA"的"道"，表示该章句划归"道"的主题。

（3）章句号，即章句的数字代号。本《手册》所涉及的 111 个章句，均规定了一个数字代号——章句号。例如，在表 04.01 中，"04.01 道 DA"的"04.01"，既是该表的序号，也是章句号。对访谈材料进行编码时，"章句号"有助于提高检索效率。

（4）章句码，即章句的字母代码。本《手册》所涉及的 111 个章句，均规定了一个拉丁字母代码——章句码。例如，表 04.01 中"04.01 道 DA"的"DA"，就是一个章句码。对访谈材料进行编码时，与"章句号"一样，"章句码"亦有助于提高检索效率。

（5）出处，即相关章句的出处。本《手册》所涉及的 111 个章句，均标注了两项出处：第一项为相关章句所隶属的《论语》篇目，第二项为相关章句在朱熹名著《四书章句集注》中的位置。例如，在表 04.01 中，"里仁第四"表示，该章句属于《论语》的第四篇，亦即"里仁"篇；而"朱熹, 1983, p.72"则表示，该章句位于中华书局 1983 年出版的朱熹《四书章句集注》第 72 页。

"表解"的第二栏，是"品质及其代码"。这就是说，第二栏涉及两项内容：（1）品质，即管理品质，如表 04.01 第二栏的"道""贯""忠""恕"；（2）品质代码，即管理品质的字母代码，如表 04.01 第二栏的"DAA""DAB""DAC""DAD"。从本《手册》所涉及的 111 个章句中，我们提取的"品质"，亦即管理品质，共计 316 条。

"表解"的第三栏，是"品质略解"，即关于管理品质的粗略解释。在这里，我们主要参考了朱熹的《四书章句集注》和《康熙字典》。为了避免繁复，不再注明出处。

"表解"的第四栏，为"品质详解"，即关于管理品质的详细解释。这是对"品质略解"的进一步延伸。在这里，既参考了南怀瑾先生和钱穆先生的论著，也有我们自己的独特解读。参考他人论著时，我们一般都注明出处。为了让编码者省去不必要的麻烦，在该栏提供了详尽的解释。在其他角度看，有些解释似乎是多余的，但是，从编码者的角度看，这些看似多余的解释则是非常必要的。

如果说，《论语管理素质编码手册》的基本功能，是将访谈材料编码为管理品质，那么，怎样进行高效的访谈呢？如何高效地整理访谈材料呢？许多研究者都可能碰到过此类问题。

我们探讨党政干部管理素质的结构、功能与影响因素时，也碰到了此类问题。为此，参照西方心理学家提出的"STAR 技术"（Wikipedia, 2011)，并借助多元一体智力模型，我们研制了一系列技术：（1）行为事件内省法操作指南；（2）行为事件内省法操作实例；（3）行为事件访谈法操作指南；（4）行为事件访谈录音整理格式；（5）《论语》管理品质编码格式；（6）《论语》管理品质编码实例。我们采集和整理数据时，这些技术均是不可或缺的工具。这些技术对于本《手册》的读者，也当有所裨益，因此，均列入本《手册》的"附录"。

要探讨党政干部管理素质的结构、功能与影响因素，须先精选一批极具代表性的党政干部。谁是极具代表性的党政干部呢？中国井冈山干部学院的肖居孝同志和李建良同志特别推荐了两位人物：江苏省信访局巡视员张云泉同志以及湖北省武汉市武昌区政府巡视员吴天祥同志。二位都曾多次在中国井冈山干部学院做过报告。

张云泉同志的其中一次报告，录音长达 3 小时 2 分 23 秒，整理成文字后，共计 39302 字。我们以《论语管理素质编码手册》为工具，对这些文字进行了编码。结果表明，这些文字涉及 60 个品质，其中，出现频次排在前 10 位的品质为"爱人"（16 次）、"忠"（16 次）、"务民"（16 次）、"学"（13 次）、"敬"（12 次）、"恕"（11 次）、"无倦"（11 次）、"劳"（11 次）、"民信"（11 次）和"达"（9 次）。关于吴天祥同志报告录音的编码研究，以及其他 9 位优秀干部访谈材料的编码研究，也得到了类似的结果。

可见，当今中国共产党人所倡导的领导素质与古代中国《论语》所强调的管理素质高度一致！这种现象值得深入思考，应该成为科学研究的重大课题！

将宋喜燕撰写的《许多人的命运因他而转变：信访局长张云泉之故事》一文，

作为《论语》管理品质编码的实例，亦作为"附录"列入本《手册》中，有两个意图：（1）向读者提供具体的编码实例；（2）让读者亦见证一个重要的现象：张云泉同志的领导素质，亦即《论语》的管理素质，具有跨越时代的特征，亦具有跨越行业、跨越国度的可能性。

目前的《论语管理素质编码手册》，从宏观的框架到微观的细节，由我设计和构建；王健和张萌的工作，主要是先一边听我口述，一边将我口述的内容录入电脑，然后，参与整理、讨论和修订工作；宋安国主要进行补充和修订工作。

《论语管理素质编码手册》既可作为心理学、管理学和社会学等学科研究的编码工具，亦可作为党政干部和企业家实践《论语》智慧的参考书，还可作为中学生、大学生和外国留学生解读《论语》相关章句的工具书。

我的恩师林崇德教授，对于《论语管理素质编码手册》的研制，给予了重要的指导并作序，我们的谢意难以言表！

北京广化寺方丈怡学法师，大力支持《论语管理素质编码手册》的研制和出版，并为之作序，我们深表感谢！

我们也非常感谢北京广化寺的定明法师！为了《论语管理素质编码手册》的研制和出版，他做了许多重要的工作。

我们还非常感谢于鲲鹏同志！他为本书的封面与版式设计付出了大量的心血。

《论语管理素质编码手册》涉及的内容很多，加之我们水平有限，因此，在章句的取舍、管理品质的提取和品质意义的解释等方面，可能有挂一漏万或者偏颇之处，敬请读者批评指正。

李庆安

2011 年 5 月 31 日

于北京师范大学

目 录

目 录

《论语》管理品质表解

子禽问于子贡曰：「夫子至于是邦也，必闻其政，求之与？抑与之与？」子贡曰：「夫子温、良、恭、俭、让以得之。夫子之求之也，其诸异乎人之求之与？」

《论语》管理品质表解

《论语》管理品质表解的核心任务，是回答三个问题：

◆ 在《论语》中，哪些章句涉及管理品质？
◆ 从这些章句中，可以提取哪些管理品质？
◆ 这些管理品质的含义是什么？

■ **表 01.01 政 AA**

章句、主题 章句号 章句码	品质代码	品质略解	品质详解
01.01 政 AA 子禽问于子贡曰："夫子至于是邦也，必闻其政，求之与？抑与之与？"子贡曰："夫子温、良、恭、俭、让以得之。夫子之求之也，其诸异乎人之求之与？"（学而第一；朱熹，1983，p.51）	①温 AAA ②良 AAB ③恭 AAC ④俭 AAD ⑤让 AAE	①温：和厚。 ②良：易直。 ③恭：恭主容，恭见于外。 ④俭：节制。 ⑤让：谦逊。	①温：(1) 温和；(2) 平和。 ②良：(1) 善良；(2) 厚道；(3) 直率；(4) 平易。 ③恭：(1) 态度庄重；(2) 态度恭敬。 ④俭：(1) 节制；(2) 节俭。 ⑤让：(1) 谦逊；(2) 谦让。

表 01.02 政 AB

章句、主题 章句号 章句码	品质代码	品质略解	品质详解
01.02 政 AB 子曰："为政以德，譬如北辰，居其所而众星共之。"（为政第二；朱熹，1983，p.53）	①政 ABA ②为政 ABB ③德 ABC	①政：政之为言正也，所以正人之不正也。 ②为政：主政 ③德：通"得"，亦即取得、获得。 ❖为政以德，则不动而化，不言而信，无为而成。	①政：正。 ②为政：(1) 主持政事；(2) 主政；(3) 修正；(4) 矫正；(5) 管理；(6) 治理；(7) 领导。 ③德："得"什么了？得"道"了！如果说，"道"是客观存在的自然规律，那么，"德"就是对这种客观规律的主观建构。如果说，"道"是纯粹客观的自然法则，那么，"德"就是主客观相统一的心理与行为风格。如果说，"道"因其纯粹客观的性质而具有不变性，那么，"德"则因其主客观相统一的性质而具有可变性。既然"德"是主客观相统一的心理与行为风格，那么，"德"则因其主客观相统一的性质

■ **表 01.02 政 AB**

章句、主题 章句号 章句码	品质代码	品质略解	品质详解
			而具有可变性。既然"德"是主客观相统一的心理与行为风格，那么，"德"的本质，正是人类个体的人格。此外，"德"的本质，涉及两个关键环节：（1）个体将自然与社会规则内化为心理特质；（2）个体将内化了的心理特质外化为实际行动。可见，"为政以德"可以理解为：（1）依靠高尚的人格主政；（2）依靠伟大的人格主政；（3）依靠有魅力的人格主政；（4）依靠有感召力的人格主政；（5）依靠有凝聚力的人格主政。如果说，道是天地的"人格"，那么，德就是社会的"人格"；如果说，道是自然的"人格"，那么，

续表

表 01.02 政 AB

章句、主题 章句号 章句码	品质代码	品质略解	品质详解
			德就是人类的"人格"；如果说，道是社会的"人格"，那么，德就是个体的人格；此外，如果说，"德"的关键是人格因素，那么，"才"的关键就是智力因素。可以说，皮亚杰所说的"图式"（scheme）一词，与中国古代经书中"德"与"才"的整合体，在概念的内涵与外延上，具有许多共通之处。可见，"图式"不过是"德才"的综合结构而已。 ❖为政以德，则不动而化，不言而信，无为而成：通过伟大的人格主政，不用采取什么行动，民众也能够受到教化；不用进行什么宣传，也会得到民众的信任；即使什么也不做，也能把事情办成。

■ 表 01.03 政 AC

章句、主题 章句号 章句码	品质代码	品质略解	品质详解
01.03 政 AC 或谓孔子曰："子奚不为政？"子曰："书云：'孝乎惟孝、友于兄弟，施于有政。'是亦为政，奚其为为政？"（为政第二；朱熹，1983，p.59）	①孝→ 06.15 ②友 ACA ③施→ 03.08	①孝→ 06.15 ◆孝于亲。 ②友：友爱，亲近。 ◆友于兄弟。 ③施→03.08	①孝→ 06.15 ◆孝于亲：（1）孝敬父母；（2）顺从上级。 ②友：（1）友爱；（2）亲近；（3）善待；（4）支持。 ◆友于兄弟：（1）亲近兄弟；（2）善待同事；（3）支持同事。 ③施→ 03.08

■ 表 01.04 政 AD

章句、主题 章句号 章句码	品质代码	品质略解	品质详解
01.04 政 AD 子张问曰："令尹子文三仕为令尹，无喜色；三已之，无愠色。旧令尹之政，必以告新令尹。何如？"子曰："忠矣。"（公冶长第五；朱熹，1983，p.80）	忠→ 04.01	忠→ 04.01	忠→ 04.01

■ 表 01.05 政 AE

章句、主题 章句号 章句码	品质代码	品质略解	品质详解
01.05 政 AE 季康子问："仲由可使从政也与？"子曰："由也果，于从政乎何有？"曰："赐也，可使从政也与？"曰："赐也达，于从政乎何有？"曰："求也，可使从政也与？"曰："求也艺，于从政乎何有？"（雍也第六；朱熹，1983，p.86）	①果 AEA ②达 AEB ③艺 AEC	①果：有决断。 ②达：通事理。 ③艺：多才能。	①果：（1）行事果断；（2）敢于决策；（3）说干就干。 ②达：（1）通晓事理；（2）见识高远；（3）理解；（4）明白。 ③艺：（1）多才多能（2）本事大；（3）具有多种才能。

季康子问："仲由可使从政也与？"子曰："由也果，于从政乎何有？"曰："赐也，可使从政也与？"曰："赐也达，于从政乎何有？"曰："求也，可使从政也与？"曰："求也艺，于从

■ 表 01.06 政 AF

章句、主题 章句号 章句码	品质代码	品质略解	品质详解
01.06 政 AF 子曰："不在其位，不谋其政。" （泰伯第八；朱熹，1983，p.106）	①谋 AFA ②不谋 AFB	①谋：考虑；谋划。 ②不谋：不去谋划；不去考虑。 ❖不在其位，不谋其政。	①谋：（1）考虑；（2）谋划。 ②不谋：（1）不去谋划；（2）不去考虑。 ❖不在其位，不谋其政：（1）不在那个职位上，就不去谋划那个职位的政事；（2）不在那个职位，就不去干涉那个职位的事情；（3）不在那个职位，就不去包办那个职位的事情；（4）不在那个职位，就不对那个职位的工作说三道四。

子曰：「不在其位，不谋其政。」

■ 表 01.07 政 AG

章句、主题 章句号 章句码	品质代码	品质略解	品质详解
01.07 政 AG 子贡问政。子曰："足食。足兵。民信之矣。"子贡曰："必不得已而去，于斯三者何先？"曰："去兵。"子贡曰："必不得已而去，于斯二者何先？"曰："去食。自古皆有死，民无信不立。"（颜渊第十二；朱熹，1983，pp.134-135）	①足食 AGA ②足兵 AGB ③民信 AGC ④失信 AGD	①足食：仓廪实。 ②足兵：武备修。 ③民信：得信于民。 ④失信：失信于民。	①足食：(1) 粮仓充实；(2) 食物充足。 ②足兵：军备充足。 ③民信：得到民众的信任。 ④失信：失去民众的信任。

■ 表 01.08 政 AH

章句、主题 章句号 章句码	品质代码	品质略解	品质详解
01.08 政 AH 子张问政。子曰:"居之无倦,行之以忠。" (颜渊第十二;朱熹,1983,p.137)	①居 AHA ②倦 AHB ③无倦 AHC ④忠→ 04.01	①居:谓存诸心。 ②倦:疲倦;劳累。 ③无倦:不知疲倦;不知劳累。 ❖居之无倦:诚心爱民,则尽心而不倦。 ④忠→ 04.01	①居:心系百姓。 ②倦:(1)疲倦;(2)劳累。 ③无倦:(1) 不知疲倦;(2) 不知劳累。 ❖居之无倦:(1) 诚心爱民,就会为民尽心,而不知疲倦;(2) 心系百姓,就可以为民而连续工作,不知疲倦。 ④忠→ 04.01

■ 表 01.09 政 AI

章句、主题 章句号 章句码	品质代码	品质略解	品质详解
01.09 政 AI 季康子问政于孔子。孔子对曰:"政者,正也。子帅以正,孰敢不正?"(颜渊第十二;朱熹,1983,p.137)	①正 AIA ②帅 AIB	①正:正当;正派。 ②帅:引导;带头。 ❖子帅以正,孰敢不正?	①正:(1) 正当;(2) 正派。 ②帅:(1) 引导;(2) 带头。 ❖子帅以正,孰敢不正:你带头正派,谁敢不正派?

■ 表 01.10 政 AJ

章句、主题 章句号 章句码	品质代码	品质略解	品质详解
01.10 政 AJ 季康子问政于孔子曰："如杀无道，以就有道，何如？"孔子对曰："子为政，焉用杀？子欲善，而民善矣。君子之德风，小人之德草。草上之风，必偃。"（颜渊第十二；朱熹，1983，p.138）	①道→ 04.01 ②杀 AJA ③风德 AJB ④草德 AJC	①道→ 04.01 ②杀：杀戮。 ❖杀无道。 ③风德：影响型人格。 ❖君子之德风。 ④草德：被影响型人格。 ❖小人之德草。	①道→ 04.01 ②杀：杀戮。 ❖杀无道：杀戮无道之人。 ③风德：影响型人格。 ❖君子之德风：君子的人格，像"风"一样，能够影响他人，感染他人，带动他人。 ④草德：被影响型人格。 ❖小人之德草：小人的人格，像"草"一样，受他人影响，受他人感染，受他人带动。

■ 表01.11 政 AK

章句、主题 章句号 章句码	品质代码	品质略解	品质详解
01.11 政 AK 子路问政。子曰:"先之,劳之。"请益。曰:"无倦。"(子路第十三;朱熹,1983,p.141)	①先之 AKA ②劳之 AKB ③倦→ 01.08	①先之:以身先之。 ②劳之:以身劳之。 ③倦→ 01.08	①先之:带头行动。 ②劳之:亲身行动。 ③倦→ 01.08

■ 表01.12 政 AL

章句、主题 章句号 章句码	品质代码	品质略解	品质详解
01.12 政 AL 仲弓为季氏宰,问政。子曰:"先有司,赦小过,举贤才。"曰:"焉知贤才而举之?"曰:"举尔所知。尔所不知,人其舍诸?"(子路第十三;朱熹,1983,p.141)	①有司 ALA ②赦 ALB ③举→ 06.15	①有司:设置岗位。 ❖先有司。 ②赦:赦免;宽容。 ❖赦小过。 ③举→ 06.15	①有司:(1)设置机构;(2)设立职位;(3)设置岗位。 ❖先有司:(1)先设置机构;(2)先设立职位;(3)先设置岗位。 ②赦:(1)赦免;(2)宽容。 ❖赦小过:(1)赦免小的过错;(2)宽容小的过错。 ③举→ 06.15

■ 表01.13 政 AM

章句、主题 章句号 章句码	品质代码	品质略解	品质详解
01.13 政 AM 子曰："诵诗三百，授之以政，不达；使于四方，不能专对；虽多，亦奚以为？"（子路第十三；朱熹，1983，p.143）	①穷经 AMA ②致用 AMB	①穷经：诵诗三百。 ②致用：授之以政，能达；使于四方，能专对。	①穷经：（1）博学；（2）博览群书。 ②致用：（1）将学到的理论应用于实际工作之中；（2）将理论与实际相结合；（3）将理论转化为实际。

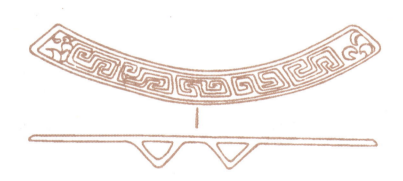

■ 表01.14 政 AN

章句、主题 章句号 章句码	品质代码	品质略解	品质详解
01.14 政 AN 子曰："苟正其身矣，于从政乎何有？不能正其身，如正人何？"（子路第十三；朱熹，1983，p.144）	①正己 ANA ②正人 ANB	①正己：端正自己。 ②正人：端正他人。	①正己：（1）端正自己；（2）修正自己的言行。 ②正人：（1）端正他人；（2）修正他人的言行。

■ **表 01.15 政 AO**

章句、主题 章句号 章句码	品质代码	品质略解	品质详解
01.15 政 AO 叶公问政。子曰："近者说，远者来。"（子路第十三；朱熹，1983，p.145）	①说 AOA ②不说 AOB ③来 AOC	①说：悦也。 ◆近者说：被其泽则悦。 ②不说：不悦也。 ③来：与"往"相对，前来。 ◆远者来：闻其风则来。	①说：（1）喜悦；（2）高兴。 ◆近者说：圈内人因受到恩泽而喜悦。 ②不说：（1）不悦；（2）不高兴。 ③来：与"往"相对，前来。 ◆远者来：圈外人因慕名，而前来投靠。

■ 表 01.16 政 AP

章句、主题 章句号 章句码	品质代码	品质略解	品质详解
01.16 政 AP 子夏为莒父宰，问政。子曰："无欲速，无见小利。欲速，则不达；见小利，则大事不成。" （子路第十三；朱熹，1983，pp.145-146）	①欲速 APA ②利 APB ③小利 APC	①欲速：欲事之速成，则急遽无序，而反不达。 ②利：利益。 ③小利：微利。 ❖见小利。	①欲速:(1) 图快;(2) 求快;(3) 急于求成;(4) 追求快速增长。 ②利：利益。 ③小利:(1) 微利;(2) 眼前利益;(3) 短期利益;(4) 局部利益。 ❖见小利:(1) 追求小利;(2) 追求眼前利益;(3) 追求短期利益;(4) 追求局部利益。

表 01.17 政 AQ

章句、主题 章句号 章句码	品质代码	品质略解	品质详解
01.17 政 AQ 子贡问曰："何如斯可谓之士矣？"子曰："行己有耻，使于四方，不辱君命，可谓士矣。"曰："敢问其次。"曰："宗族称孝焉，乡党称弟焉。"曰："敢问其次。"曰："言必信，行必果，硁硁然小人哉！抑亦可以为次矣。"曰："今之从政者何如？"子曰："噫！斗筲之人，何足算也。"（子路第十三；朱熹，1983，pp.146-147）	①有耻 AQA ②辱 AQB ③称→ 06.14 ④信→ 01.23 ⑤果→ 01.05 ⑥斗筲 AQC ⑦不辱 AQD	①有耻：有知耻之心。 ❖行己。 ❖行己有耻。 ②辱：辱没。 ③称→ 06.14 ❖宗族称孝。 ❖乡党称弟。 ④信→ 01.23 ⑤果→ 01.05 ⑥斗筲：斗，量名，容十升；筲，竹器，容斗二升。 ❖斗筲之人：言鄙细也。 ⑦不辱：不辱没。 ❖不辱君命。	①有耻：有知耻之心。 ❖行己：立身行事。 ❖行己有耻：一个人行事，凡自己认为可耻的，就不去做。 ②辱：辱没。 ③称→ 06.14 ❖宗族称孝：亲人评价其孝顺。 ❖乡党称弟：同乡评价其敬爱兄长。 ④信→ 01.23 ⑤果→ 01.05 ⑥斗筲：斗，量名，容十升；筲，竹器，容斗二升。 ❖斗筲之人：(1) 气量狭小之人；(2) 目光短浅之人；(3) 主要目的是混饭吃，没有把国家大事、天下大事放在心上之人；(4) 缺乏国家承诺之人；(5) 缺乏世界眼光之人。(3) 不辱没上级的重托。

论语管理素质编码手册

续表

■ **表 01.17 政 AQ**

章句、主题 章句号 章句码	品质代码	品质略解	品质详解
			⑦不辱：不辱没。 ❖不辱君命：（1）不辱 没国家的意志；（2） 不辱没上级的指示；

■ 表 01.18 政 AR

章句、主题 章句号 章句码	品质代码	品质略解	品质详解
01.18 政 AR 孔子曰："天下有道，则礼乐征伐自天子出；天下无道，则礼乐征伐自诸侯出。自诸侯出，盖十世希不失矣；自大夫出，五世希不失矣；陪臣执国命，三世希不失矣。天下有道，则政不在大夫。天下有道，则庶人不议。"（季氏第十六；朱熹，1983，p.171）	失政 ARA	失政：(1) 政局混乱；(2) 政局动荡。 ❖ 上无失政，则天下有道。天下有道，则政不在大夫。天下有道，则庶人不议。 ❖ 上有失政，则天下无道。天下无道，则礼乐征伐自诸侯出。天下无道，则庶人私议。	失政：(1) 政局不稳；(2) 政局动荡。 ❖ 上无失政，则天下有道：如果国家的政局稳定，那么，民众就会遵纪守法。如果国家的政局稳定，那么，大权就不会落入地方势力之手。如果国家的政局稳定，那么，百姓就不会传谣、信谣。 ❖ 上有失政，则天下无道：如果国家的政局不稳，那么，民众就难遵纪守法。如果国家的政局不稳，那么，大权就会落入地方势力之手。如果国家的政局不稳，那么，百姓就会传谣、信谣。

■ 表 01.19 政 AS

章句、主题 章句号 章句码	品质代码	品质略解	品质详解
01.19 政 AS 尧曰："咨！尔舜！天之历数在尔躬。允执其中。四海困穷，天禄永终。"舜亦以命禹。曰："予小子履，敢用玄牡，敢昭告于皇皇后帝：有罪不敢赦。帝臣不蔽，简在帝心。朕躬有罪，无以万方；万方有罪，罪在朕躬。"（尧曰第二十；朱熹，1983，p.193）	①执中 ASA ②责人 ASB ③责己 ASC	①执中：掌握中正之道。 ②责人：责备于人。 ③责己：责备于己。 ❖厚于责己：朕躬有罪，无以万方。 ❖薄于责人：万方有罪，罪在朕躬。	①执中：(1)掌握中正的法则；(2)掌握中庸的法则；(3)掌握动态平衡的法则。 ②责人：责备他人。 ③责己：责备自己。 ❖厚于责己：倘若领导出了问题，领导自己主动承担责任，不将责任推卸到民众身上。 ❖薄于责人：倘若民众出了问题，领导主动地替民众承担责任。

表 01.20 政 AT

章句、主题 章句号 章句码	品质代码	品质略解	品质详解
01.20 政 AT 周有大赉,善人是富。"虽有周亲,不如仁人。百姓有过,在予一人。"(尧曰第二十;朱熹,1983,pp.193-194)	①富 ATA ②亲 ATB ③仁→03.02 ④责人→01.19	①富:富强;富裕。 ❖周有大赉,善人是富。 ②亲:至亲。 ③仁→03.02 ❖虽有周亲,不如仁人。 ④责人→01.19 ❖薄于责人:百姓有过,在予一人。	①富:(1)富强;(2)富裕。 ❖周有大赉,善人是富:这是一种重要的财富观:善人即是富人,这就是说,一个善人多、好人多、好事多的国家,就是一个富裕的国家。 ②亲:至亲。 ③仁→03.02 ❖虽有周亲,不如仁人。这是一个重要的至亲观:与其有一大群冷漠的至亲,或者一大群极端自我中心主义而全然不顾他人死活的至亲,还不如有一位富于仁慈之心、体贴之心的友人,或者有一位战胜了自我中心主义而顾及他人的友人。 ④责人→01.19 ❖薄于责人:倘若百姓出了问题,领导自己主动地承担全部责任。

表 01.21 政 AU

章句、主题 章句号 章句码	品质代码	品质略解	品质详解
01.21 政 AU 谨权量，审法度，修废官，四方之政行焉。 （尧曰第二十；朱熹，1983，p.194）	①谨 AUA ②审 AUB ③修 AUC	①谨：谨慎。 ❖谨权量。 ②审：审查；审核。 ❖审法度。 ③修：修整；重设。 ❖修废官。	①谨：谨慎。 ❖谨权量：谨慎制定规章制度和人才的评价标准。 ②审：（1）审查；（2）审核。 ❖审法度：严格审核有关制度、法规和章程。 ③修：（1）修整；（2）重设。 ❖修废官：（1）重新设置岗位；（2）恢复已经被废弃了的官职。

■ 表 01.22 政 AV

章句、主题 章句号 章句码	品质代码	品质略解	品质详解
01.22 政 AV 兴灭国，继绝世，举逸民，天下之民归心焉。（尧曰第二十；朱熹，1983，p.194）	①兴 AVA ②继 AVB ③举→ 06.15 ④归 AVC	①兴：恢复。 ❖兴灭国。 ②继：继承，延续。 ❖继绝世。 ③举→ 06.15 ❖举逸民。 ④归：归依；归向。 ❖民归心。	①兴：恢复。 ❖兴灭国：（1）恢复已经被废弃了的岗位或部门；（2）关心单位的老干部。 ②继：继承，延续。 ❖继绝世：（1）对于人才奇缺的部门，为其招募和培养新人，使其学术传统得以延续；（2）关心老干部的后人。 ③举→ 06.15 ❖举逸民：（1）将已调出本单位的人才重新请回来；（2）将已调出本部门的人才重新请回来。 ④归：（1）归依；（2）归向。 ❖民归心：（1）凝聚了人心；（2）凝聚了民心。

■ 表 01.23 政 AW

章句、主题 章句号 章句码	品质代码	品质略解	品质详解
01.23 政 AW 所重：民食、丧、祭。宽则得众，信则民任焉，敏则有功，公则说。（尧曰第二十；朱熹，1983，p.194）	①重民 AWA ②重食 AWB ③重丧 AWC ④重祭 AWD ⑤宽 AWE ⑥信 AWF ⑦敏 AWG ⑧功 AWH ⑨公 AWI ⑩说→ 01.15	①重民：重，重视；民，众也。 ②重食：食，粮食。 ③重丧：丧，丧事。 ④重祭：祭，祀也。 ⑤宽：宽松；宽厚；宽放。 ⑥信：守信。 ⑦敏：敏捷。 ⑧功：功绩。 ⑨公：公正，无私；公开。 ⑩说→ 01.15	①重民：民，古代指黎民百姓、平民，与君、官对称。古者有四民，有士民，有商民，有农民，有工民。可见，重民是指官员重视黎民百姓。 ②重食：重视粮食。 ③重丧：重视丧事。 ④重祭：重视祭祀。 ⑤宽：（1）宽松；（2）宽厚；（3）宽放。如果说，猛的政治是法治，那么，宽的政治就是礼治；如果说，猛的政治，亦即法治，采用了行为主义心理学的惩罚原理，那么，宽的政治，亦即礼治，则采用了行为主义心理学的强化原理。 ⑥信：守信。 ⑦敏：敏捷。

续表

表 01.23 政 AW

章句、主题 章句号 章句码	品质代码	品质略解	品质详解
			⑧功：功绩。实际上，这里的"功"相当于西方心理学的"绩效"（performance）。 ⑨公：（1）公正；（2）无私；（3）公开。 ⑩说→ 01.15

■ 表 01.24 政 AX

章句、主题 章句号 章句码	品质代码	品质略解	品质详解
01.24 政 AX 子张问于孔子曰："何如斯可以从政矣？"子曰："尊五美，屏四恶，斯可以从政矣。"子张曰："何谓五美？"子曰："君子惠而不费，劳而不怨，欲而不贪，泰而不骄，威而不猛。"子张曰："何谓惠而不费？"子曰："因民之所利而利之，斯不亦惠而不费乎？择可劳而劳之，又谁怨？欲仁而得仁，又焉贪？君子无众寡，无小大，无敢慢，斯不亦泰而不骄乎？君子正其衣冠，尊其瞻视，俨然人望而畏之，斯不亦威而不猛乎？"（尧曰第二十；朱熹，1983，p.194）	①惠 AXA ②费 AXB ③劳 AXC ④怨 AXD ⑤欲 AXE ⑥贪 AXF ⑦泰 AXG ⑧骄 AXH ⑨威 AXI ⑩猛 AXJ	①惠：实惠。 ②费：花费。 ❖惠而不费：因民之所利而利之，斯不亦惠而不费乎？ ③劳：（1）劳作；（2）操劳。 ④怨：埋怨。 ❖劳而不怨：择可劳而劳之，又谁怨？ ⑤欲：欲望；愿望。 ⑥贪：贪求；贪图。 ❖欲而不贪：欲仁而得仁，又焉贪？ ⑦泰：自重；平和。 ⑧骄：傲慢。 ❖泰而不骄：君子无众寡，无小大，无敢慢，斯不亦泰而不骄乎？	①惠：（1）实惠；（2）恩惠。 ②费：花费。 ❖惠而不费：（1）能够让人得到实惠，却没有花费任何财力物力；（2）让老百姓去做有利于他们的事情，这不就是惠而不费吗？（3）不花费国家的钱财，却能让老百姓得到实惠；（4）让老百姓得到实惠，是通过制定相关政策，而不是通过花费国家钱财；（5）中共十一届三中全会以来，中国农民得到了巨大的实惠，这是中国政府通过制定正确的农业政策，而不是通过花费国家财政。 ③劳：（1）劳作；（2）操劳。 ④怨：（1）埋怨；（2）责备。

■ 表 01.24 政 AX

章句、主题 章句号 章句码	品质代码	品质略解	品质详解
			❖劳而不怨：（1）让人辛劳地工作，却没有人埋怨；（2）让民众去完成他们有能力完成的事情，他们谁会埋怨呢？ ⑤欲：（1）欲望；（2）愿望。 ⑥贪：（1）贪求；（2）贪图；（3）贪心；（4）贪婪。
		⑨威：威严。 ⑩猛：凶恶。 ❖威而不猛：君子正其衣冠，尊其瞻视，俨然人望而畏之，斯不亦威而不猛乎？	❖欲而不贪：（1）有强烈的欲望，却没有成为贪婪；（2）本有强烈的为他人服务的欲望，现在已经得到了为他人服务的机会，这怎么能说是贪婪呢？（3）为国家服务的欲望再强烈，也不算贪婪；（4）为人民服务的欲望再强烈，也不算贪婪；（5）为他人服务的欲望再强烈，也不算贪婪。

续表

■ 表 01.24 政 AX

章句、主题 章句号 章句码	品质代码	品质略解	品质详解
			⑦泰：（1）自重；（2）平和。 ⑧骄：傲慢。 ❖泰而不骄：（1）自重平和而不傲慢；（2）不分人数众寡、不分年龄大小、不分职务高低、不分贫富贵贱，都予以尊重，不予怠慢，这不就是泰而不骄吗？ ⑨威：威严。 ⑩猛：（1）凶恶；（2）凶猛。 ❖威而不猛：（1）仪容仪表威严却不凶猛；（2）衣冠齐整，目不斜视，庄重得让人望而敬畏，这不就是威而不猛吗？

表 01.25 政 AY

章句、主题 章句号 章句码	品质代码	品质略解	品质详解
01.25 政 AY 子张曰："何谓四恶？"子曰："不教而杀谓之虐；不戒视成谓之暴；慢令致期谓之贼；犹之与人也，出纳之吝，谓之有司。"（尧曰第二十；朱熹，1983，pp.194-195）	①虐 AYA ②暴 AYB ③贼 AYC ④有司 AYD	①虐：(1) 残酷不仁；(2) 不教而杀。 ②暴：(1) 卒遽无渐；(2) 不戒视成。 ③贼：(1) 切害；(2) 慢令致期；(3) 缓于前而急于后，以误其民，而必刑之，是贼害之也。 ④有司：犹之与人也，出纳之吝。	①虐：(1) 残暴；(2) 残害；(3) 民众事先没有受到教育而犯法，官员要负责，不应该杀戮民众，否则，就叫"虐"；(4) 上级事前没有认真交待，下级将事情做错，上级要负责，不应该惩罚下级，否则，就叫"虐"；(5) 导师没有很好地指导研究生，研究生做不好论文，导师要负责，不应该责怪学生，否则，就叫"虐"；(6) 家长平时不管教孩子，孩子犯错了，家长要负责，不应该惩罚孩子，否则，就叫"虐"。 ②暴：(1) 又猛又急；(2) 上级事先不告诫下级，事到临头，硬让下级提交成果，下级很难办到，这不应该怪下级，否则，就叫"暴"；

续表

■ 表 01.25 政 AY

章句、主题 章句号 章句码	品质代码	品质略解	品质详解
			（3）导师平时不认真指导学生，等到答辩之日，让学生立刻提交学位论文，这种学位论文很难达到合格水平，这不应该怪学生，否则，就叫"暴"。 ③贼：（1）切害；（2）缓于前而急于后，以拖延下级完成任务的时机，从而达到惩罚下级的目的，这就是"贼"；（3）缓于前而急于后，以延误他人完成任务的时机，从而达到使他人受惩罚的目的，这就是"贼"。 ④有司：（1）小气；（2）上级应该相信，下级能够独立地完成任务，不要过多地去干预或过问，否则，就叫"有司"；（3）本该向下级分配的经费或财物，上级应该立即分配，不应该有任何

续表

■ 表 01.25 政 AY

章句、主题 章句号 章句码	品质代码	品质略解	品质详解
			犹豫，否则，就叫"有司"；(4) 本该向下级划拨的经费或财物，上级应该如数划拨，不应该克扣哪怕一分钱、一根针，否则，就叫"有司"；(5) 本该向其他部门划拨的经费或财物，主管部门应该立即划拨，不应该有丝毫的迟疑，否则，就叫"有司"；(6) 本该向其他部门划拨的经费或财物，主管部门应该全额划拨，不应该截留哪怕一分钱、一根针，否则，就叫"有司"。

■ 表 01.26 政 AZ

章句、主题 章句号 章句码	品质代码	品质略解	品质详解
01.26 政 AZ 齐景公问政于孔子。孔子对曰："君君，臣臣，父父，子子。"公曰："善哉！信如君不君，臣不臣，父不父，子不子，虽有粟，吾得而食诸？"（颜渊第十二；朱熹，1983，p.136）	①君君 AZA ②臣臣 AZB ③父父 AZC ④子子 AZD	①君君：君如君。 ②臣臣：臣如臣。 ③父父：父如父。 ④子子：子如子。	①君君：（1）首长就像首长；（2）首长能够扮演好其角色；（3）首长能够肩负其重任；（4）首长能够履行其职责。 ②臣臣：（1）部下就像部下；（2）部下能够扮演好其角色；（3）部下能够担负其责任；（4）部下能够履行其职责。 ③父父：（1）父亲就像父亲；（2）父亲能够扮演好父亲的角色；（3）父亲能够承担养儿育女的责任；（4）父亲能够履行其家庭义务。 ④子子：（1）儿子就像儿子；（2）儿子能够扮演好儿子的角色；（3）儿子能够承担孝敬父母的责任；（4）儿子能够履行其家庭义务。

表 02.01 事君 BA

章句、主题 章句号 章句码	品质代码	品质略解	品质详解
02.01 事君 BA 子夏曰："贤贤易色，事父母能竭其力，事君能致其身，与朋友交言而有信。虽曰未学，吾必谓之学矣。" （学而第一，p.50）	①贤 BAA ②贤 BAB ③易色 BAC ④事父 BAD ⑤事君→ 02.03 ⑥信→ 01.23	①贤：尊重；赏识。 ②贤：修养高的人。 ③易色：改变态度。 ❖贤贤易色。 ④事父：侍奉父母。 ❖事父母能竭其力。 ⑤事君→ 02.03 ❖事君能致其身。 ⑥信→ 01.23 ❖与朋友交言而有信	①贤：（1）尊重；（2）赏识。 ②贤：（1）修养高的人；（2）学问大的人；（3）本事大的人；（4）有才华的人。 ③易色：改变态度。 ❖贤贤易色：(1)尊重修养好的人，在他们面前，态度都变得温和；(2) 赏识学问大的人，在他们面前，态度都转为温和；(3) 尊重本事大的人，在他们面前，脸色也变得温和。 ④事父：侍奉父母。 ❖事父母能竭其力：侍奉父母，能够竭尽全力。 ⑤事君→ 02.03 ❖事君能致其身：服务国家，不惜捐出生命。 ⑥信→ 01.23 ❖与朋友交言而有信：与朋友交往，能够做到言而有信。

■ 表 02.02 事君 BB

章句、主题 章句号 章句码	品质代码	品质略解	品质详解
02.02 事君 BB 子曰："臣事君尽礼，人以为谄也。"（八佾第三；朱熹，1983，p.66）	①事君→02.03 ②礼→07.12	①事君→02.03 ②礼→07.12 ❖臣事君尽礼。	①事君→02.03 ②礼→07.12 ❖臣事君尽礼：部下服务首长时，完全遵从社会规范。

■ 表 02.03 事君 BC

章句、主题 章句号 章句码	品质代码	品质略解	品质详解
02.03 事君 BC 定公问："君使臣，臣事君，如之何？"孔子对曰："君使臣以礼，臣事君以忠。"（八佾第三；朱熹，1983，p.66）	①使臣 BCA ②礼→07.12 ③事君 BCB ④忠→04.01	①使臣：使唤部下。 ②礼→07.12 ❖君使臣以礼。 ③事君：服务首长；服务国家。 ④忠→04.01 ❖臣事君以忠。	①使臣：使唤部下。 ②礼→07.12 ❖君使臣以礼：首长使唤部下时，遵从社会规范。 ③事君：(1) 服务首长；(2) 服务国家。 ④忠→04.01 ❖臣事君以忠：部下服务首长时，做到尽心尽力。

■ 表 02.04 事君 BD

章句、主题 章句号 章句码	品质代码	品质略解	品质详解
02.04 事君 BD 子游曰："事君数，斯辱矣，朋友数，斯疏矣。"（里仁第四；朱熹，1983，p.74）	①事君→ 02.03 ②数 BDA	①事君→ 02.03 ②数：烦数也。 ❖事君数，斯辱矣：事君谏不行，则当去。至于烦渎，则言者轻，听者厌矣，是以求荣而反辱。 ❖朋友数，斯疏矣：导友善不纳，则当止。至于烦渎，则言者轻，听者厌矣，是以求亲而反疏也。	①事君→ 02.03 ②数：烦数也。 ❖事君数，斯辱矣：服务首长，须讲究艺术，不可以蛮干。发现首长不对时，可以劝说一两次，绝不应该反复劝说，否则，不仅不受赏识，反而被羞辱。 ❖朋友数，斯疏矣：劝导朋友，要讲究方法。看到朋友犯错时，可以劝说一两次，绝不应该反复唠叨，否则，不仅不能增加友情，反而会相互疏远。

■ 表 02.05 事君 BE

章句、主题 章句号 章句码	品质代码	品质略解	品质详解
02.05 事君 BE 子路问事君。子曰："勿欺也，而犯之。"（宪问第十四；朱熹，1983，p.155）	①事君→ 02.03 ②欺 BEA ③犯 BEB	①事君→ 02.03 ②欺：欺骗；瞒骗。 ③犯：谓犯颜谏争。 ❖勿欺也，而犯之。	①事君→ 02.03 ②欺：（1）欺骗；（2）瞒骗。 ③犯：冒犯。 ❖勿欺也，而犯之：部下宁肯冒犯首长，也不应该欺骗他。

■ 表 02.06 事君 BF

章句、主题 章句号 章句码	品质代码	品质略解	品质详解
02.06 事君 BF 子曰："事君，敬其事而后其食。"（卫灵公第十五；朱熹，1983，p.168）	①事君→ 02.03 ②敬→ 07.16 ③食 BFA	①事君→ 02.03 ②敬→ 07.16 ③食：禄也。 ❖敬其事而后其食：皆以敬吾之事而已，不可先有求禄之心也。	①事君→ 02.03 ②敬→ 07.16 ③食：薪酬。 ❖敬其事而后其食：先认真负责地办事，然后才去考虑薪酬的问题。

表 02.07 事君 BG

章句、主题 章句号 章句码	品质代码	品质略解	品质详解
02.07 事君 BG 子曰："小子！何莫学夫诗？诗，可以兴，可以观，可以群，可以怨。迩之事父，远之事君。多识于鸟兽草木之名。"（阳货第十七；朱熹，1983，p.178）	①诗 BGA ②兴 BGB ③观 BGC ④群 BGD ⑤怨→ 01.24 ⑥事父→ 02.01 ⑦事君→ 02.03 ⑧识→ 06.17	①诗：《诗经》。 ②兴：起也。 ❖诗可以兴。 ③观：考见得失。 ❖诗可以观。 ④群：和而不流。 ❖诗可以群。 ⑤怨→ 01.24 ❖诗可以怨。 ⑥事父→ 02.01 ⑦事君→ 02.03 ⑧识→ 06.17	①诗：(1)《诗经》；(2)诗歌；(3)文学作品。 ②兴：(1)起兴；(2)启动；(3)唤起；(4)感发志意；(5)托物兴辞；(6)产品形象代言人；(7)企业形象代言人。 ❖诗可以兴：借助诗，可以激发感情。 ③观：详细地看。 ❖诗可以观：透过诗，可以观察人。 ④群：(1)合群；(2)凝聚人心。 ❖诗可以群：(1)借助诗，可以使人合群；(2)借助诗，可以凝聚人心。 ⑤怨→ 01.24 ❖诗可以怨：(1)借助诗，可以发泄牢骚；(2)借助诗，可以发泄不满情绪；(3)借助诗，可以缓解心理压力。 ⑥事父→ 02.01 ⑦事君→ 02.03 ⑧识→ 06.17

■ 表 02.08 事君 BH

章句、主题 章句号 章句码	品质代码	品质略解	品质详解
02.08 事君 BH 子曰："鄙夫！可与事君也与哉？其未得之也，患得之；既得之，患失之。苟患失之，无所不至矣。"（阳货第十七；朱熹，1983，p.179）	①事君→ 02.03 ②患 BHA	①事君→ 02.03 ②患：担忧；忧虑。 ❖患得患失。	①事君→ 02.03 ②患：(1) 担忧；(2) 忧虑。 ❖患得患失：担心得不到，得到了又担心失去。形容很看重个人的得失。

■ 表 03.01 仁 CA

章句、主题 章句号 章句码	品质代码	品质略解	品质详解
03.01 仁 CA 樊迟问知。子曰："务民之义，敬鬼神而远之，可谓知矣。"问仁。曰："仁者先难而后获，可谓仁矣。"（雍也第六；朱熹，1983，pp.89-90）	①智 CAA ②务民 CAB ③敬 CAC ④鬼 CAD ⑤神 CAE ⑥远→ 07.18 ⑦仁→ 03.02	①智：（1）人多信鬼神，惑也。而不信者又不能敬，能敬能远，可谓知矣；（2）专用力于人道之所宜，而不惑于鬼神之不可知，知者之事也。 ② 务民：务于人。 ③敬：恭敬；端肃。恭在外表，敬存内心。 ④鬼：人所归为鬼。 ⑤神：山陵川谷丘陵能出云为风雨，皆曰神。 ⑥远→ 07.18 ⑦仁→ 03.02	①智：(1) 一方面，许多人相信鬼神的存在，另一方面，鬼神又看不见、摸不着，人们往往因此而困惑。不信鬼神的人，不会敬畏鬼神，智者的品质就在于，既能敬畏鬼神，又能远离鬼神;(2)把全部心思都花在自己能够解决的问题上，而不是浪费在自己根本不可能解决的问题上，这就是智。 ②务民：服务民众。 ③敬：恭敬；端肃。恭在外表，敬存内心。 ④鬼：有人认为，人死后有"灵魂"，称之为"鬼"。 ⑤神：是一个会意字，从示申。"申"是天空中闪电的形状，古人以为，闪电变化莫测，威力无穷，故称之为神。 ⑥远→ 07.18 ⑦仁→ 03.02

■ 表03.02 仁CB

章句、主题 章句号 章句码	品质代码	品质略解	品质详解
03.02 仁CB 颜渊问仁。子曰："克己复礼为仁。一日克己复礼,天下归仁焉。为仁由己,而由人乎哉?"颜渊曰:"请问其目。"子曰:"非礼勿视,非礼勿听,非礼勿言,非礼勿动。"颜渊曰:"回虽不敏,请事斯语矣。" (颜渊第十二;朱熹,1983,pp.131-132)	①克 CBA ②己 CBB ③克己 CBC ④复 CBD ⑤礼→ 07.12 ⑥仁 CBE	①克:胜也。 ②己:谓身之私欲也。 ③克己:克尽己私。 ④复:反也。 ⑤礼→ 07.12 ⑥仁:(1) 克己复礼为仁;(2) 须是克尽己私,皆归于礼,方始是仁;(3) 本心之全德。 ❖非礼勿视。 ❖非礼勿听。 ❖非礼勿言。 ❖非礼勿动。	①克:(1) 克服;(2) 战胜;(3) 监控。 ②己:自我,自我中心主义。 ③克己:战胜自我,超越自我,克服自我中心主义,相当于皮亚杰的"去自我中心化"。 ④复:回归。 ⑤礼→ 07.12 ⑥仁:(1) 战胜自我中心主义,使自己的言行都符合社会规范;(2) 超越自我中心主义,使自己的言行都符合社会规范;(3) 监控自我,使自己的言行都符合社会规范;(4) 自救救人;(5) 自觉觉人;(6) 自助助人。 ❖非礼勿视:不符合社会规范的,坚决不看。 ❖非礼勿听:不符合社会规范的,坚决不听。

续表

■ 表 03.02 仁 CB

章句、主题 章句号 章句码	品质代码	品质略解	品质详解
			◆非礼勿言：不符合社会规范的，坚决不说。 ◆非礼勿动：不符合社会规范的，坚决不做。

■ 表 03.03 仁 CC

章句、主题 章句号 章句码	品质代码	品质略解	品质详解
03.03 仁 CC 仲弓问仁。子曰："出门如见大宾，使民如承大祭。己所不欲，勿施于人。在邦无怨，在家无怨。"仲弓曰："雍虽不敏，请事斯语矣。"（颜渊第十二；朱　熹，1983，pp.132-133）	①仁→03.02 ②敬→07.16 ③恕→04.01 ④欲→01.24 ⑤施→03.08	①仁→03.02 ②敬→07.16 ❖出门如见大宾。 ❖使民如承大祭。 ③恕→04.01 ④欲→01.24 ⑤施→03.08 ❖己所不欲，勿施于人。	①仁→03.02 ②敬→07.16 ❖出门如见大宾：只要走出家门，定会认真打扮，如同要去会见贵客。 ❖使民如承大祭：使唤民众的态度，如同祭祀鬼神一样恭敬。 ③恕→04.01 ④欲→01.24 ⑤施→03.08 ❖己所不欲，勿施于人：（1）自己不想去做的事，不要加在别人身上；（2）自己不想要的东西，不要给予别人。

■ 表 03.04 仁 CD

章句、主题 章句号 章句码	品质代码	品质略解	品质详解
03.04 仁 CD 司马牛问仁。子曰："仁者其言也讱。"曰："其言也讱，斯谓之仁已乎？"子曰："为之难，言之得无讱乎？"（颜渊第十二；朱熹，1983，p.133）	①仁→ 03.02 ②讱 CDA	①仁→ 03.02 ②讱：忍也，难也。	①仁→ 03.02 ②讱：（1）说话谨慎；（2）监控自己的言语；（3）管住自己的嘴巴，不去乱说乱讲，想好了才发言；（4）经过认真思索之后，再发言。

■ 表 03.05 仁 CE

章句、主题 章句号 章句码	品质代码	品质略解	品质详解
03.05 仁 CE 樊迟问仁。子曰："居处恭，执事敬，与人忠。虽之夷狄，不可弃也。"（子路第十三；朱熹，1983，p.146）	①仁→ 03.02 ②恭→ 01.01 ③敬→ 07.16 ④忠→ 04.01	①仁→ 03.02 ②恭→ 01.01 ③敬→ 07.16 ④忠→ 04.01	①仁→ 03.02 ②恭→ 01.01 ③敬→ 07.16 ④忠→ 04.01

■ 表 03.06 仁 CF

章句、主题 章句号 章句码	品质代码	品质略解	品质详解
03.06 仁 CF 子张问仁于孔子。孔子曰："能行五者于天下，为仁矣。"请问之。曰："恭、宽、信、敏、惠。恭则不侮，宽则得众，信则人任焉，敏则有功，惠则足以使人。"（阳货第十七；朱熹，1983，p.177）	①仁→03.02 ②恭→01.01 ③宽→01.23 ④信→01.23 ⑤敏→01.23 ⑥惠→01.24	①仁→03.02 ②恭→01.01 ❖恭则不侮。 ③宽→01.23 ❖宽则得众。 ④信→01.23 ❖信则人任。 ⑤敏→01.23 ❖敏则有功。 ⑥惠→01.24 ❖惠则足以使人。	①仁→03.02 ②恭→01.01 ❖恭则不侮：态度恭敬，就不会受到侮辱。 ③宽→01.23 ❖宽则得众：若采取宽松的政策，就会赢得民心。 ④信→01.23 ❖信则人任：若官员信守诺言，民众就会主动承担责任。 ⑤敏→01.23 ❖敏则有功：做事敏捷，就会做出成绩。 ⑥惠→01.24 ❖惠则足以使人：如果能够给人实惠，就可以使唤民众。

■ 表 03.07 仁 CG

章句、主题 章句号 章句码	品质代码	品质略解	品质详解
03.07 仁 CG "克、伐、怨、欲不行焉,可以为仁矣?"子曰:"可以为难矣,仁则吾不知也。" (宪问第十四;朱熹,1983, p.149)	①仁→ 03.02 ②克 CGA ③伐 CGB ④怨→ 01.24 ⑤欲→ 01.24	①仁→ 03.02 ②克:好胜。 ③伐:自矜。 ④怨→ 01.24 ⑤欲→ 01.24	①仁→ 03.02 ②克:争强好胜,不愿意在人之下。 ③伐:自吹自擂,自我夸耀。 ④怨→ 01.24 ⑤欲→ 01.24

■ 表 03.08 仁 CH

章句、主题 章句号 章句码	品质代码	品质略解	品质详解
03.08 仁 CH 子贡曰："如有博施于民而能济众，何如？可谓仁乎？"子曰："何事于仁，必也圣乎！尧舜其犹病诸！夫仁者，己欲立而立人，己欲达而达人。能近取譬，可谓仁之方也已。"（雍也第六；朱熹，1983，pp.91-92）	①仁→ 03.02 ②施 CHA ③济 CHB ④立 CHC ⑤达 CHD	①仁→ 03.02 ②施：给予。 ❖博施。 ③济：接济。 ❖济众。 ④立：建功立业。 ❖己欲立而立人。 ⑤达：达到目标。 ❖己欲达而达人。	①仁→ 03.02 ②施：给予。 ❖博施：广泛地给予。 ③济：接济。 ❖济众：（1）帮助民众；（2）接济民众。 ④立：建功立业。 ❖己欲立而立人：若自己想建功立业，须先让他人建功立业。 ⑤达：达到目标。 ❖己欲达而达人：若自己想要达到目标，须先让他人达到目标。

■ 表 03.09 仁 CI

章句、主题 章句号 章句码	品质代码	品质略解	品质详解
03.09 仁 CI 樊迟问仁。子曰："爱人。"问知。子曰："知人。"樊迟未达。子曰："举直错诸枉，能使枉者直。"樊迟退，见子夏。曰："乡也吾见于夫子而问知，子曰，'举直错诸枉，能使枉者直'，何谓也？"子夏曰："富哉言乎！舜有天下，选于众，举皋陶，不仁者远矣。汤有天下，选于众，举伊尹，不仁者远矣。"（颜渊第十二；朱熹，1983，pp.139-140）	①仁→ 03.02 ②爱 CIA ③智→ 03.01 ④知 CIB ⑤举→ 06.15 ⑥直 CIC ⑦枉 CID ⑧爱人 CIE ⑨知人 CIF	①仁→ 03.02 ②爱：爱护。 ③智→ 03.01 ④知：识别；区别。 ⑤举→ 06.15 ⑥直：正直。 ⑦枉：邪恶。 ❖举直错诸枉，能使枉者直。 ⑧爱人：（1）爱护人；（2）爱护邪恶之人。 ⑨知人：（1）识别人；（2）识别邪恶之人。	①仁→ 03.02 ②爱：爱护。 ③智→ 03.01 ④知：（1）识别；（2）区别。 ⑤举→ 06.15 ⑥直：正直。 ⑦枉：邪恶。 ❖举直错诸枉，能使枉者直：将正直者交错地安置于邪恶者之中，就能够使邪恶者变为正直者。其原理在于，只要将正直者交错地安置于邪恶者之中，正直者就可以成为邪恶者学习的榜样，这样，邪恶者通过社会学习或榜样学习，其正直的品行会渐渐增多，而其邪恶的品行则逐步减少，如此继续下去，邪恶者最终会变成正直者。显然，当代西方心理学家班杜拉的社会学习理论，与孔子

续表

■ **表 03.09 仁 CI**

章句、主题 章句号 章句码	品质代码	品质略解	品质详解
			关于"举直错诸枉，能使枉者直"的命题，具有惊人的相似之处。两者都有一个共同的观点：对邪恶者的改造，可以采用榜样学习的手段。实际上，在孔子那里，"举直错诸枉，能使枉者直"的命题，仅仅是"知人"的操作定义。因此，本章句中"知人"和"爱人"的"人"，都不是指一般的人，而是指邪恶的人。这就是说，在这里，"知人"是指去识别邪恶的人，而"爱人"是指去爱护邪恶的人。"知人"与"爱人"之间构成了一种辩证关系："知人"是"爱人"的手段，"爱人"是"知人"的目的。在这里，孔子倡导了一种伟大的理念：一个邪恶

表 03.09 仁 CI

章句、主题 章句号 章句码	品质代码	品质略解	品质详解
			者都不抛弃，一个邪恶者也不放弃！中国发生特大地震时，会听到国家领导人"不抛弃""不放弃"的声音。此时，"不抛弃""不放弃"的对象，当然是地震灾民。由于听到这样的声音，地震灾民从绝望中看到了希望。如果说，地震灾民是"生理灾民"，那么，邪恶者就是"心理灾民"。如果说，地震灾民可以从国家领导人"不抛弃""不放弃"的声音中找到希望，那么，作为"心理灾民"的邪恶者，该去哪里寻找希望呢？孔子关于"举直错诸枉，能使枉者直"的命题，可以给他们带去希望！ ⑧爱人：（1）爱护人；（2）爱护邪恶之人。 ⑨知人：（1）识别人；（2）识别邪恶之人。

■ 表03.10 仁CJ

章句、主题 章句号 章句码	品质代码	品质略解	品质详解
03.10 仁CJ 曾子曰："士不可以不弘毅,任重而道远。仁以为己任,不亦重乎？死而后已,不亦远乎？"（泰伯第八；朱熹,1983, p.104）	①士 CJA ②弘 CJB ③毅 CJC ④仁→ 03.02	①士：知识分子。 ②弘：宽广。 ③毅：强忍。 ❖士不可以不弘毅,任重而道远：（1）非弘不能胜其重,非毅无以致其远；（2）弘而不毅,则无规矩而难立；毅而不弘,则隘陋而无以居之；（3）弘大刚毅,然后能胜重任而远到。 ④仁→ 03.02	①士：知识分子。 ②弘：（1）弘大；（2）胸襟宽广；（3）气量大；（4）视野远大。 ③毅：（1）刚毅；（2）决策果断；（3）看得准；（4）拿得稳；（5）意志坚强。 ❖士不可以不弘毅,任重而道远：知识分子必须有宽广的胸怀和坚强的意志,否则,难以肩负重任,也难以攀登遥远的学术之巅。 ④仁→ 03.02

■ 表 04.01 道 DA

章句、主题 章句号 章句码	品质代码	品质略解	品质详解
04.01 道 DA 子曰："参乎！吾道一以贯之。"曾子曰："唯。"子出。门人问曰："何谓也？"曾子曰："夫子之道，忠恕而已矣。"（里仁第四；朱熹，1983，pp.72-73）	①道 DAA ②贯 DAB ③忠 DAC ④恕 DAD	①道：日用事物当行之理。 ②贯：通也。 ❖一以贯之 ③忠：中心为忠，尽己之谓忠。 ④恕：如心为恕，推己之谓恕。	①道：（1）客观存在的自然规律；（2）客观存在的自然法则。"道"因其纯粹客观的性质而具有不变性。 ②贯：（1）贯通；（2）贯穿。 ❖一以贯之：将一条不变的规律始终贯穿于整个人生，贯穿于生活、学习和工作之中。心理学概念"迁移"的本质，就是"一以贯之"。 ③忠：替人办事时，能够尽心尽力。 ④恕：对于他人的经历，能够感同身受。"empathy"这个英文单词，到底该怎样翻译？长期以来，这个问题始终困扰着中国心理学家。可以看到许多译法，如"神入""感情移入""共情"和"同理心"等（钱铭怡，1994，p.33）。

续表

■ 表 04.01 道 DA

章句、主题 章句号 章句码	品质代码	品质略解	品质详解
			其实，将"empathy"译为"恕"，再贴切不过。此外，无论是皮亚杰的三山实验，还是其他西方心理学家关于"theory of mind"和"perspective taking"的探讨，其本质也是关于"恕"的探讨。

■ 表 04.02 道 DB

章句、主题 章句号 章句码	品质代码	品质略解	品质详解
04.02 道 DB 冉求曰："非不说子之道，力不足也。"子曰："力不足者，中道而废。今女画。"（雍也第六；朱熹，1983，p.87）	画 DBA	画：(1) 画地以自限；(2) 能进而不欲。	画：(1) 在自己面前画一道红线，认为自己无力跨过此红线，从而制约了自身的发展；(2) 由于主观地低估了自己的实际能力，所以，缺乏进取的动机；(3) 由于自我效能感低于实际水平，所以，缺乏进取的动机。

■ 表 04.03 道 DC

章句、主题 章句号 章句码	品质代码	品质略解	品质详解
04.03 道 DC 子曰："志于道，据于德，依于仁，游于艺。"（述而第七；朱熹，1983，p.94）	①志→ 06.19 ②据 DCA ③依 DCB ④游 DCC	①志→ 06.19 ❖志于道。 ②据：执守。 ❖据于德。 ③依：不违。 ❖依于仁。 ④游：玩物适情。 ❖游于艺。	①志→06.19 ❖志于道：（1）以探求客观规律为志向；（2）以追求客观规律为目标；（3）以探索客观规律为动机。 ②据：（1）坚守；（2）执守。 ❖据于德：（1）以崇高的人格为据点；（2）以伟大的人格为据点。 ③依：（1）依靠；（2）依照。 ❖依于仁：（1）以自助助人的心理特质为依靠；（2）以自救救人的心理特质为依托；（3）以自觉觉人的心理特质为靠山。 ④游：（1）遨游；（2）游乐。 ❖游于艺：（1）以多学科为遨游的大海；（2）以多领域为游乐的大海。

表 04.04 道 DD

章句、主题 章句号 章句码	品质代码	品质略解	品质详解
04.04 道 DD 子曰："笃信好学，守死善道。危邦不入，乱邦不居。天下有道则见，无道则隐。邦有道，贫且贱焉，耻也；邦无道，富且贵焉，耻也。"（泰伯第八；朱熹，1983，p.106）	①笃 DDA ②信→ 01.23 ③好 DDB ④学→ 06.16 ⑤守 DDC	①笃：厚而力也。 ②信→ 01.23 ③好：喜爱。 ④学→ 06.16 ⑤守：坚持；奉行。	①笃：（1）深厚；（2）切实；（3）忠实。 ②信→ 01.23 ③好：喜爱。 ④学→ 06.16 ⑤守：（1）坚持；（2）奉行。

■ 表 04.05 道 DE

章句、主题 章句号 章句码	品质代码	品质略解	品质详解
04.05 道 DE 孟氏使阳肤为士师，问于曾子。曾子曰："上失其道，民散久矣。如得其情，则哀矜而勿喜。"（子张第十九；朱熹，1983，p.191）	①失道 DEA ②民散 DEB ③得情 DEC ④哀矜 DED	①失道：无道。 ②民散：谓情义乖离，不相维系。 ❖上失其道，民散久矣。 ③得情：侦破案情。 ④哀矜：怜悯、同情。 ❖如得其情，则哀矜而勿喜。	①失道：(1) 违背自然规律；(2) 违背社会规则；(3) 违背客观规律。 ②民散：(1) 民心散乱；(2) 民众缺乏主流思想；(3) 民众缺乏主流信仰。 ❖上失其道，民散久矣：(1) 长期以来，由于官员违背自然规律，所以，民心散乱；(2) 长期以来，由于官员违背社会规则，所以，民众缺乏主流思想；(3) 长期以来，由于官员违背客观规律，所以，民众缺乏主流信仰。 ③得情：侦破案情。 ④哀矜：怜悯、同情。 ❖如得其情，则哀矜而勿喜：办案者不应该因侦破了案情而高兴，应该同情和怜悯犯人。这是因为，人们之所以犯法，若不是迫不得已，就是由于无知的缘故。

■ 表 05.01 君子 EA

章句、主题 章句号 章句码	品质代码	品质略解	品质详解
05.01 君子 EA 司马牛问君子。子曰："君子不忧不惧。"曰："不忧不惧，斯谓之君子已乎？"子曰："内省不疚，夫何忧何惧？"（颜渊第十二；朱熹，1983，pp.133-134）	①忧 EAA ②惧 EAB	①忧：发愁；担忧。 ②惧：害怕；恐惧。	①忧：（1）发愁；（2）担忧。 ②惧：（1）害怕；（2）恐惧。

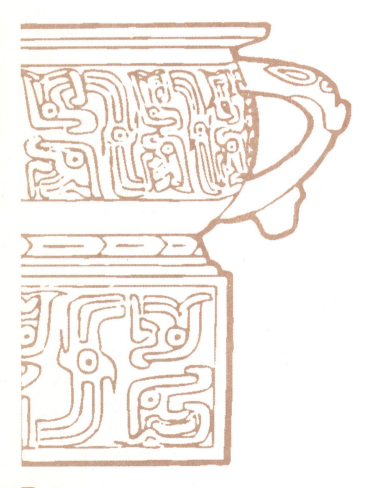

表 05.02 君子 EB

章句、主题 章句号 章句码	品质代码	品质略解	品质详解
05.02 君子 EB 孔子曰："君子有三畏：畏天命，畏大人，畏圣人之言。小人不知天命而不畏也，狎大人，侮圣人之言。"（季氏第十六；朱熹，1983，p.172）	①畏 EBA ②天命 EBB ③大人 EBC ④圣人 EBD ⑤狎 EBE ⑥侮 EBF	①畏：严惮之意。 ②天命：天所赋之正理也。 ❖畏天命。 ③大人：古代社会对他人或本人父母的敬称。 ❖畏大人。 ④圣人：自身的品德与宇宙的法则融为一体的人，就是圣人。 ❖畏圣人之言。 ⑤狎：轻视。 ⑥侮：戏玩也。	①畏：敬畏。 ②天命：(1) 大自然；(2) 自然规律。 ❖畏天命：(1) 敬畏大自然；(2) 敬畏自然规律。 ③大人：(1) 父母；(2) 老师；(3) 领导；(4) 长辈。 ❖畏大人：(1) 敬畏父母；(2) 敬畏老师；(3) 敬畏领导；(4) 敬畏长辈。 ④圣人：自身的品德与宇宙的法则融为一体的人，就是圣人。如伏羲、黄帝、炎帝、尧、舜、禹、周文王、周武王、周公、柳下惠、老子、孔子、释迦牟尼佛、穆罕默德和耶稣等，都是圣人。 ❖畏圣人之言：敬畏圣人的话。如《易经》、《论语》、《佛经》、《道德经》、《古兰经》和《圣经》等经书中的文字，都是圣人之言。 ⑤狎：轻视。 ⑥侮：(1) 轻慢；(2) 怠慢。

■ 表 05.03 君子 EC

章句、主题 章句号 章句码	品质代码	品质略解	品质详解
05.03 君子 EC 孔子曰："君子有九思：视思明，听思聪，色思温，貌思恭，言思忠，事思敬，疑思问，忿思难，见得思义。" （季氏第十六；朱熹，1983，p.173）	①聪 ECA ②温→ 01.01 ③恭→ 01.01 ④忠→ 04.01 ⑤敬→ 07.16 ⑥问→ 07.05 ⑦忿 ECB ⑧难 ECC ⑨思 ECD ⑩义 ECE	①聪：听无所壅。 ②温→ 01.01 ③恭→ 01.01 ④忠→ 04.01 ⑤敬→ 07.16 ⑥问→ 07.05 ⑦忿：愤怒。 ⑧难：恶果。 ⑨思：思考；考虑。 ⑩义：宜。 ❖见得思义。	①聪：能听清楚。 ②温→ 01.01 ③恭→ 01.01 ④忠→ 04.01 ⑤敬→ 07.16 ⑥问→ 07.05 ⑦忿：愤怒。 ⑧难：恶果。 ⑨思：（1）思考；（2）考虑。 ⑩义：适宜。 ❖见得思义：（1）面对利益时，须思考该不该拿的问题；（2）不该拿的东西，坚决回避。

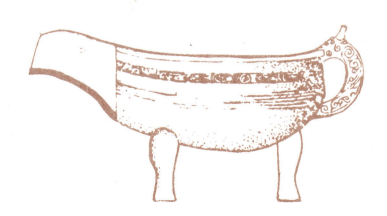

■ 表 05.04 君子 ED

章句、主题 章句号 章句码	品质代码	品质略解	品质详解
05.04 君子 ED 子曰："君子易事而难说也：说之不以道，不说也；及其使人也，器之。小人难事而易说也：说之虽不以道，说也；及其使人也，求备焉。" （子路第十三；朱熹，1983，p.148）	①器之 EDA ②求备 EDB	①器之：谓随其材器而使之者。 ②求备：求全责备。	①器之：(1) 使人尽其才；(2) 用人之所长，让人充分发挥其才能。 ②求备：(1) 求全责备；(2) 要求十全十美，不允许有任何缺点。

■ 表 05.05 君子 EE

章句、主题 章句号 章句码	品质代码	品质略解	品质详解
05.05 君子 EE 子曰："君子道者三，我无能焉：仁者不忧，知者不惑，勇者不惧。"子贡曰："夫子自道也。"（宪问第十四；朱熹，1983，p.156）	①仁→03.02 ②忧→05.01 ③智→03.01 ④惑 EEA ⑤勇→07.23 ⑥惧→05.10	①仁→03.02 ②忧→05.01 ③智→03.01 ④惑：疑惑；迷惑。 ⑤勇→07.23 ⑥惧→05.10	①仁→03.02 ②忧→05.01 ③智→03.01 ④惑：(1) 疑惑；(2) 迷惑。 ⑤勇→07.23 ⑥惧→05.10

表 05.06 君子 EF

章句、主题 章句号 章句码	品质代码	品质略解	品质详解
05.06 君子 EF 孔子曰："益者三乐，损者三乐。乐节礼乐，乐道人之善，乐多贤友，益矣。乐骄乐，乐佚游，乐宴乐，损矣。"（季氏第十六；朱熹，1983，p.172）	①乐 EFA ②节 EFB ③道 EFC ④多 EFD ⑤骄乐 EFE ⑥佚游 EFF ⑦宴乐 EFG	①乐：感到快乐。 ②节：谓辨其制度声容之节。 ❖乐节礼乐。 ③道：说。 ❖乐道人之善。 ④多：众多。 ❖乐多贤友。 ⑤骄乐：骄乐，则侈肆而不知节。 ❖乐骄乐。 ⑥佚游：佚游，则惰慢而恶闻善。 ❖乐佚游。 ⑦宴乐：宴乐，则淫溺而狎小人。 ❖乐宴乐。	①乐：（1）感到快乐；（2）喜好；（3）乐于；（4）安于。 ②节：（1）节制；（2）管束；（3）调节。 ❖乐节礼乐：采用符合规范的行为准则和游戏规则，调节自己的言行，并以此为快乐。 ③道：说。 ❖乐道人之善：（1）乐于说别人的好处；（2）乐于讲他人的好话。 ④多：众多。 ❖乐多贤友：乐于结交多才多能的人。 ⑤骄乐：（1）骄奢；（2）骄横；（3）征歌选色；（4）玩弄酒肉。 ❖乐骄乐：（1）喜好享受；（2）喜好奢侈夸张的活动；（3）喜好征歌选色活动；（4）纸醉金迷；（5）喜好玩弄酒肉。 ⑥佚游：（1）不正当的

续表

■ 表 05.06 君子 EF

章句、主题 章句号 章句码	品质代码	品质略解	品质详解
			娱乐；（2）吸毒；（3）嫖娼；（4）打麻将。 ❖乐佚游：（1）喜好不正当的娱乐；（2）喜好吸毒；（3）喜好嫖娼；（4）喜好打牌。 ⑦宴乐：吃喝过度。 ❖乐宴乐：喜好吃吃喝喝。

■ 表 05.07 君子 EG

章句、主题 章句号 章句码	品质代码	品质略解	品质详解
05.07 君子 EG 有子曰："其为人也孝弟，而好犯上者，鲜矣；不好犯上，而好作乱者，未之有也。君子务本，本立而道生。孝弟也者，其为仁之本与！（学而第一；朱熹，1983，pp.47-48）	①孝→06.15 ②弟 EGA	①孝→06.15 ②弟：善事兄长为弟。	①孝→06.15 ②弟：（1）善于为兄长服务；（2）善于为上级服务。

■ 表 05.08 君子 EH

章句、主题 章句号 章句码	品质代码	品质略解	品质详解
05.08 君子 EH 子曰："君子不重则不威，学则不固。主忠信。无友不如己者。过则勿惮改。"（学而第一；朱熹，1983，p.50）	①重 EHA ②威→ 01.24 ③固 EHB ④忠→ 04.01 ⑤信→ 01.23 ⑥友 EHC ⑦过 EHD ⑧惮改 EHE	①重：厚重。 ②威→ 01.24 ③固：坚固也。 ④忠→ 04.01 ⑤信→ 01.23 ⑥友：朋友。 ❖无友不如己者。 ⑦过：过失。 ⑧惮改：惮，畏难也。改，改正。 ❖过则勿惮改。	①重：（1）厚重；（2）自重；（3）自尊。 ②威→ 01.24 ③固：坚固。 ④忠→ 04.01 ⑤信→ 01.23 ⑥友：朋友。 ❖无友不如己者：（1）必须坚定一种信念：任何一位朋友的能力，都超过自己；（2）必须坚定一种信念：任何他人的能力，都有超过自己的地方；（3）必须坚定一种信念：任何一位他人，都有值得自己学习的地方。 ⑦过：（1）过失；（2）错误；（3）过错。 ⑧惮改：害怕改正。 ❖过则勿惮改：有了过错，要克服畏难心理，应当迅速改掉。

■ 表 05.09 君子 EI

章句、主题 章句号 章句码	品质代码	品质略解	品质详解
05.09 君子 EI 子曰："君子不器。" （为政第二；朱熹，1983，p.57）	①器 EIA ②不器 EIB	①器：各适其用而不能相通。 ②不器：体无不具，故用无不周，非特为一才一艺而已。	①器：(1) 像器具一样，作用限于某个领域；(2) 像器具一样，容量限于一定范围；(3) 像器具一样，形状固定不变；(4) 仅是熟悉某个领域的专才，而不是熟悉多种领域的通才。 ②不器：(1) 不管是从政、经商，还是做学问，都应该博学且多才多能，否则，就会像器物一样，仅有一才一艺；(2) 气量如大海般宽阔无限，不似器具般有容量之局限；(3) 待人处事时，言行不可以像器具一样定型不变，须因时因地因人因事而异；(4) 属于复合型的人才；(5) 属于多功能型的人才；(6) 属于多才多艺的人才。

表 05.10 君子 EJ

章句、主题 章句号 章句码	品质代码	品质略解	品质详解
05.10 君子 EJ 子张曰："异乎吾所闻：君子尊贤而容众，嘉善而矜不能。我之大贤与，于人何所不容？我之不贤与，人将拒我，如之何其拒人也？"（子张第十九；朱熹，1983，p.188）	①尊 EJA ②贤→02.01 ③尊贤 EJB ④容 EJC ⑤容众 EJD ⑥嘉 EJE ⑦嘉善 EJF ⑧矜 EJG ⑨不能 EJH ⑩矜不能 EJI	①尊：敬重；遵从。 ②贤→02.01 ③尊贤：敬重有才华的人。 ④容：容纳，接纳。 ⑤容众：接纳众人。 ⑥嘉：赞美，称道。 ⑦嘉善：赞美好人好事。 ⑧矜：怜悯，同情。 ⑨不能：能力弱。 ⑩矜不能：同情能力弱的人。	①尊：（1）敬重；（2）推崇；（3）遵行；（4）遵从。 ②贤→02.01 ③尊贤：（1）敬重有才华的人；（2）敬重有修养的人。 ④容：（1）容纳；（2）接纳。 ⑤容众：（1）接纳一切人；（2）容纳一切人。 ⑥嘉：（1）赞美；（2）称道。 ⑦嘉善：赞美好人好事。 ⑧矜：（1）怜悯；（2）同情。 ⑨不能：能力弱。 ⑩矜不能：（1）同情能力弱的人；（2）怜悯能力弱的人。

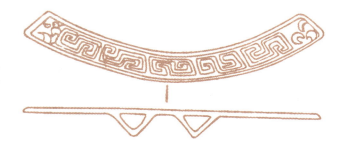

表 06.01 不语 FA

章句、主题 章句号 章句码	品质代码	品质略解	品质详解
06.01 不语 FA 子不语怪、力、乱、神。（述而第七；朱熹，1983，p.98）	①语 FAA ②怪 FAB ③力 FAC ④乱 FAD ⑤神→ 03.01	①语：谈论。 ②怪：怪异。 ❖不语怪：语常而不语怪。 ③力：勇力。 ❖不语力：语德而不语力。 ④乱：悖乱。 ❖不语乱：语治而不语乱。 ⑤神→ 03.01 ❖不语神：语人而不语神。	①语：谈论。 ②怪：怪异。 ❖不语怪：（1）谈论的是正常的现象，而非怪异的现象；（2）谈论的是事物的正常状态，而非异常状态。 ③力：勇力。 ❖不语力：谈论的是道德修养的高低，而非四肢力量的大小。 ④乱：悖乱。 ❖不语乱：谈论的是社会的治象，而非乱象。 ⑤神→ 03.01 ❖不语神：谈论的是活人，而非鬼神。

■ 表06.02 葸FB

章句、主题 章句号 章句码	品质代码	品质略解	品质详解
06.02 葸 FB 子曰："恭而无礼则劳，慎而无礼则葸，勇而无礼则乱，直而无礼则绞。君子笃于亲，则民兴于仁；故旧不遗，则民不偷。"（泰伯第八；朱熹，1983，p.103）	①劳→ 01.24 ②葸 FBA ③乱→ 07.23 ④绞→ 07.23	①劳→ 01.24 ❖ 恭而无礼则劳。 ②葸：畏惧貌。 ❖ 慎而无礼则葸。 ③乱→ 07.23 ❖ 勇而无礼则乱。 ④绞→ 07.23 ❖ 直而无礼则绞。	①劳→ 01.24 ❖ 恭而无礼则劳：如果只讲言行的恭敬，而忽视了规范言行的社会准则，就会辛劳。 ②葸：畏惧的样子。 ❖ 慎而无礼则葸：如果只讲言行的谨慎，而忽视了规范言行的社会准则，就会畏惧。 ③乱→ 07.23 ❖ 勇而无礼则乱：如果只讲言行的勇敢，而忽视了规范言行的社会准则，就会添乱。 ④绞→ 07.23 ❖ 直而无礼则绞：如果只讲言行的直率，而忽视了规范言行的社会准则，就会尖酸刻薄。

表 06.03 绝四 FC

章句、主题 章句号 章句码	品质代码	品质略解	品质详解
06.03 绝四 FC 子绝四：毋意，毋必，毋固，毋我。（子罕第九；朱熹，1983，pp.109-110）	①毋 FCA ②意 FCB ③必 FCC ④固 FCD ⑤我 FCE ⑥毋意 FCF ⑦毋必 FCG ⑧毋固 FCH ⑨毋我 FCI	①毋：无。 ②意：私意。 ③必：期必。 ④固：执滞。 ⑤我：私己。 ⑥毋意：无私意。 ⑦毋必：无期必。 ⑧毋固：无执滞。 ⑨毋我：无私己。	①毋：(1) 无；(2) 不；(3) 没有。 ②意：(1) 意料；(2) 猜测；(3) 怀疑；(4) 揣测。 ③必：(1) 必须；(2) 一定要；(3) 必然；(4) 必定。 ④固：固执。 ⑤我：自己。 ⑥毋意：(1) 不作主观的揣测；(2) 不作主观的怀疑。 ⑦毋必：(1) 不认为有必须的事情；(2) 不认为有必然的事情。 ⑧毋固：不固执己见。 ⑨毋我：(1) 忘我；(2) 公而忘私。

■ 表 06.04 崇德 FD

章句、主题 章句号 章句码	品质代码	品质略解	品质详解
06.04 崇德 FD 樊迟从游于舞雩之下，曰："敢问崇德、修慝、辨惑。"子曰："善哉问！先事后得，非崇德与？攻其恶，无攻人之恶，非修慝与？一朝之忿，忘其身，以及其亲，非惑与？"（颜渊第十二；朱熹，1983，p.139）	①崇德 FDA ②修慝 FDB ③辨惑→06.25	①崇德：（1）先事后得；（2）为所当为而不计其功，则德日积而不自知矣； ②修慝：（1）修者，治而去之；慝之字，从心从匿，盖恶之匿于心者。（2）攻其恶，无攻人之恶。（3）专于治己而不责人，则己之恶无所匿矣。（4）惟不自省己过而知人之过，故慝不修。 ③辨惑→06.25	①崇德：（1）先去做事，而不问自己的利益，以后自然会得到好的结果；（2）做所该做之事，而不计其功，那么，所得就会日积月累，连自己都全然不知。可见，"崇德"的本质，就是崇高的人格、有魅力的人格、有感召力的人格、有凝聚力的人格。这就是说，"崇德"大致对应于西方心理学的"崇高人格"，不过，二者也不完全等同。 ②修慝：（1）攻击自己的过失，而不是攻击别人的过失，这不就是修慝吗？（2）专注于整治自己的过失，而不是责备他人的过失，那么，自己的过失就会没有藏匿之处；（3）若

■ 表 06.04 崇德 FD

章句、主题 章句号 章句码	品质代码	品质略解	品质详解
			光去挑剔别人的过失，而不知道去反省自己的过失，那么，就谈不上修慝。总之，"修慝"的概念大致相当于西方心理学的"自我矫正"（self-modification）概念，不过，不能将二者完全等同。 ③辨惑→ 06.25

■ 表 06.05 和同 FE

章句、主题 章句号 章句码	品质代码	品质略解	品质详解
06.05 和同 FE 子曰："君子和而不同，小人同而不和。" （子路第十三；朱熹，1983，p.147）	①和 FEA ②同 FEB	①和：无乖戾之心。 ②同：有阿比之意。 ❖和而不同。 ❖同而不和。	①和：（1）无论是相似的观念，还是相异的观念，都可和谐统一；（2）无论是相似的观念，还是相异的观念，都可相互转化。 ②同：（1）相同的思想可和谐共存，不同的思想则只能对立和排斥；（2）相同的思想可和谐共处，不同的思想则只能对立和分化。 ❖和而不同：（1）观念相左的个体之间，既能坚持各自的独立性，也能促成整体的协调性；（2）不同的个体之间，可以不接受对方的意见，但是，能够尊重对方的意见；（3）既能够团结自己的支持者或朋友，也懂得团结自己的敌人或对手；（4）既能

续表

■表 06.05 和同 FE

章句、主题 章句号 章句码	品质代码	品质略解	品质详解
			够接纳自己的拥护者或圈内人，也懂得接纳自己的对立面或圈外人。 ❖同而不和：(1) 观念相左的个体之间，只能坚持各自的独立性，而不能促成整体的协调性；(2) 不同的个体之间，当不能接受对方的意见之时，不懂得还应该尊重对方的意见；(3) 只懂得团结自己的支持者或朋友，而不懂得团结自己的敌人或对手；(4) 只能接纳自己的拥护者或圈内人，而不懂得接纳自己的对立面或圈外人。

■ 表 06.06 上达 FF

章句、主题 章句号 章句码	品质代码	品质略解	品质详解
06.06 上达 FF 子曰："君子上达，小人下达。"（宪问第十四；朱熹，1983，p.155）	①上达 FFA ②下达 FFB	①上达：循天理。 ②下达：殉人欲。	①上达：(1) 追求崇高；(2) 追求真理；(3) 追求自我实现；(4) 追求精神文明。 ②下达：(1) 贪财好色；(2) 追名逐利；(3) 花天酒地；(4) 享乐主义。

■ 表 06.07 为己 FG

章句、主题 章句号 章句码	品质代码	品质略解	品质详解
06.07 为己 FG 子曰："古之学者为己，今之学者为人。" （宪问第十四；朱熹，1983，p.155）	①为己 FGA ②为人 FGB	①为己：欲得之于己也。 ②为人：欲见知于人也。 ❖为己而学。 ❖为人而学。	①为己：（1）为了切实提高自己的才能；（2）为了切实做好自己的工作；（3）为了切实履行自己的责任；（4）为了实现自己的人生价值。 ②为人：（1）为了向上级证明自己的才能；（2）为了向上级表演自己的才能；（3）为了向上级证明自己的工作绩效；（4）为了制造形象工程。 ❖为己而学：为了切实提高自己的才能而学习。显然，西方心理学家关于"掌握目标"（mastery goal）的提法，与"为己而学"的观念，具有惊人的相似之处！ ❖为人而学：为了向他人证明自己的才能而学习。当然，西方心理学家关于

续表

■ 表 06.07 为己 FG

章句、主题 章句号 章句码	品质代码	品质略解	品质详解
			"表演目标"(performance goal)的提法，与"为人而学"的观念，也有惊人的相似之处！

■ 表 06.08 失人 FH

章句、主题 章句号 章句码	品质代码	品质略解	品质详解
06.08 失人 FH 子曰："可与言而不与之言，失人；不可与言而与之言，失言。知者不失人，亦不失言。"（卫灵公第十五；朱熹，1983，p.163）	①失人 FHA ②失言 FHB ③智者 FHC	①失人：可与言而不与之言。 ②失言：不可与言而与之言。 ③智者：不失人，亦不失言。	①失人：本来可跟他说，但是，因有所顾虑，而没有说，这就叫"失人"。 ②失言：本来，不可以跟她说，但是，因不懂分寸而跟她说了，这就叫"失言"。 ③智者：该说的一定说，毫无顾虑地说，不该说的坚决不说，能够把握说与不说的分寸，只有这样的人，才配称"智者"。

■ 表 06.09 事贤 FI

章句、主题 章句号 章句码	品质代码	品质略解	品质详解
06.09 事贤 FI 子贡问为仁。子曰："工欲善其事，必先利其器。居是邦也，事其大夫之贤者，友其士之仁者。"（卫灵公第十五；朱熹，1983，p.163）	①事贤 FIA ②友仁 FIB	①事贤：事以贤者。 ②友仁：友以仁者。	①事贤：(1) 依靠有才华的知识分子去做事；(2) 依靠学问大的知识分子去做事；(3) 依靠本事大的知识分子去做事。 ②友仁：(1) 依靠有亲和力的知识分子去做协调工作；(2) 依靠有亲和力的知识分子去做交友工作；(3) 依靠有亲和力的知识分子去做统战工作。

■ 表 06.10 求己 FJ

章句、主题 章句号 章句码	品质代码	品质略解	品质详解
06.10 求己 FJ 子曰："君子求诸己，小人求诸人。"（卫灵公第十五；朱熹，1983，pp.165-166）	①求己 FJA ②求人 FJB	①求己：求之于己。 ②求人：求之于人。	①求己：(1) 求助于自己；(2) 自己独立地解决问题，而不是求助于他人。 ②求人：(1) 求助于他人；(2) 遇到问题时，不是自己去独立地解决，而是求助于他人。

■ 表 06.11 矜 FK

章句、主题 章句号 章句码	品质代码	品质略解	品质详解
06.11 矜 FK 子曰："君子矜而不争，群而不党。"（卫灵公第十五；朱熹，1983，p.166）	①矜 FKA ②争 FKB ③群→ 02.07 ④党 FKC	①矜：庄以持己。 ②争：争夺。 ❖矜而不争。 ③群→ 02.07 ④党：阿比。 ❖群而不党。	①矜：（1）内心高傲；（2）自夸。 ②争：（1）争夺；（2）争斗。 ❖矜而不争：在内在的心理上具有高傲的特质，在外在的行为上却表现出不争的特质。 ③群→ 02.07 ④党：（1）结党营私；（2）拉帮结派。 ❖群而不党：（1）能够与人友好相处，但是不去结党营私；（2）能够与人友好相处，但是不去拉帮结派。

■ 表 06.12 教 FL

章句、主题 章句号 章句码	品质代码	品质略解	品质详解
06.12 教 FL 子曰："有教无类。" （卫灵公第十五；朱熹，1983，p.168）	教 FLA	教：教育。 ❖有教无类：人性皆善，而其类有善恶之殊者，气习之染也。故君子有教，则人皆可以复于善，而不当复论其类之恶矣。	教：教育。 ❖有教无类：人性都是善的。人类个体之间善恶的差异，主要是受环境影响的结果。因此，只要能够接受教育，人人都可以复归于善。这就是说，教育应该面向一切人，不可以因善恶、智愚、贵贱、贫富、民族、种族、宗教或国籍等的差异而区别对待。

■ 表 06.13 狂狷 FM

章句、主题 章句号 章句码	品质代码	品质略解	品质详解
06.13 狂狷 FM 子曰："不得中行而与之，必也狂狷乎！狂者进取，狷者有所不为也。"（子路第十三；朱熹，1983，p.147）	①狂 FMA ②狷 FMB	①狂：狂者，志极高而行不掩。 ②狷：狷者，知未及而守有余。	①狂：（1）激进；（2）自大；（3）目中无人。 ②狷：（1）保守；（2）拘谨无为；（3）引申为孤洁，与"狂"相对。

表 06.14 称 FN

章句、主题 章句号 章句码	品质代码	品质略解	品质详解
06.14 称 FN 子曰："骥不称其力，称其德也。"（宪问第十四；朱熹，1983，p.157）	称 FNA	称：评价；称颂。 ❖骥不称其力，称其德也：骥虽有力，其称在德。人有才而无德，则亦奚足尚哉？	称：(1)评价；(2)称颂。 ❖骥不称其力，称其德也：对于优秀干部，不需要评价其才能，而应该评价其德行。

■ 表 06.15 劝 FO

章句、主题 章句号 章句码	品质代码	品质略解	品质详解
06.15 劝 FO 季康子问："使民敬、忠以劝，如之何？"子曰："临之以庄则敬，孝慈则忠，举善而教不能则劝。"（为政第二；朱熹，1983，pp.58-59）	①敬→ 07.16 ②忠→ 04.01 ③劝 FOA ④临 FOB ⑤孝 FOC ⑥慈 FOD ⑦举 FOE ⑧教→ 06.12	①敬→ 07.16 ②忠→ 04.01 ③劝：勤奋。 ④临：监控；统治。 ⑤孝：善事父母为孝。 ⑥慈：慈于子。 ⑦举：推举；举用。 ⑧教→ 06.12 ❖临之以庄则敬。 ❖孝慈则忠。 ❖举善而教不能则劝。	①敬→ 07.16 ②忠→ 04.01 ③劝：勤奋。 ④临：（1）监控；（2）统治。 ⑤孝：很好地侍奉父母。 ⑥慈：慈爱儿女。 ⑦举：（1）推举；（2）举用。 ⑧教→ 06.12 ❖临之以庄则敬：庄重地监控或统治，部下就会认真做事。 ❖孝慈则忠：如果管理者上对双亲孝敬，下对儿女慈爱，那么，被管理者就会尽心尽力地替你做事。 ❖举善而教不能则劝：推举善者并训练能力不强者，就可以使人勤奋。

■ 表 06.16 博学 FP

章句、主题 章句号 章句码	品质代码	品质略解	品质详解
06.16 博学 FP 子曰："君子博学于文，约之以礼，亦可以弗畔矣夫！"（雍也第六；朱熹，1983，p.91）	①博 FPA ②学 FPB ③约 FPC ④礼 FPD	①博：广博；广泛。 ②学：学习。 ❖博学于文。 ③约：要也。 ④礼：原理。 ❖约之以礼。	①博：(1) 广博；(2) 广泛。 ②学：(1) 学习；(2) 阅读。 ❖博学于文：广泛地阅读文献。 ③约：(1) 归纳；(2) 总结。 ④礼：原理。 ❖约之以礼：对广泛学习的文献，用一条原理加以归纳或总结。

■ 表 06.17 识 FQ

章句、主题 章句号 章句码	品质代码	品质略解	品质详解
06.17 识 FQ 子曰："赐也，女以予为多学而识之者与？"对曰："然，非与？"曰："非也，予一以贯之。"（卫灵公第十五；朱熹，1983，pp.161-162）	①学→ 06.16 ②识 FQA ③贯→ 04.01	①学→ 06.16 ②识：记；记住；记忆。 ③贯→ 04.01	①学→ 06.16 ②识：(1) 记；(2) 记住；(3) 记忆。 ③贯→ 04.01

■ 表 06.18 知 FR

章句、主题 章句号 章句码	品质代码	品质略解	品质详解
06.18 知 FR 子曰："吾有知乎哉？无知也。有鄙夫问于我，空空如也，我叩其两端而竭焉。"（子罕第九；朱熹，1983，pp.110-111）	①知 FRA ②两端 FRB ③叩 FRC ④竭 FRD	①知：知识。 ②两端：(1) 两头；(2) 圣人之言，上下兼尽。即其近，众人皆可与知；极其至，则虽圣人亦无以加焉，是之谓两端。 ③叩：发动也。 ④竭：竭尽，无余蕴矣。 ❖叩其两端而竭焉。	①知：知识。 ②两端：(1) 两头；(2) 终始；(3) 本末；(4) 上下；(5) 精粗；(6) 内外；(7) 虚实（抽象与具体）。 ③叩：(1) 发动；(2) 攻克；(3) 攻击。 ④竭：(1) 竭尽；(2) 没有剩余。 ❖叩其两端而竭焉：回答他人的问题时，对问题的始终、本末、上下和精粗等等，都进行详尽的解说。

■ 表 06.19 志 FS

章句、主题 章句号 章句码	品质代码	品质略解	品质详解
06.19 志 FS 子曰："三军可夺帅也，匹夫不可夺志也。"（子罕第九；朱熹，1983，p.115）	志 FSA	志：心之所之。	志：(1) 志向；(2) 目标；(3) 动机。

表 06.20 恒 FT

章句、主题 章句号 章句码	品质代码	品质略解	品质详解
06.20 恒 FT 子曰："南人有言曰：'人而无恒，不可以作巫医。'善夫！""不恒其德，或承之羞。"子曰："不占而已矣。"（子路第十三；朱熹，1983，p.147）	恒 FTA	恒：常久也。	恒：（1）恒心；（2）持之以恒。

表 06.21 道政 FU

章句、主题 章句号 章句码	品质代码	品质略解	品质详解
06.21 道政 FU 子曰："道之以政，齐之以刑，民免而无耻；道之以德，齐之以礼,有耻且格。"（为政第二；朱熹，1983，p.54）	①道 FUA ②政 FUB ③齐 FUC ④刑 FUD ⑤德→ 01.02 ⑥礼→ 07.12	①道：犹引导，谓先之也。 ②政：（1）谓法制禁令也；（2）为治之具。 ③齐：所以一之也。 ④刑：辅治之法。 ⑤德→ 01.02 ⑥礼→ 07.12	①道：（1）引导；（2）示范；（3）率领。 ②政：（1）政策；（2）法令。 ③齐：整治。 ④刑：刑罚。 ⑤德→ 01.02 ⑥礼→ 07.12

■ 表 06.22 庶 FV

章句、主题 章句号 章句码	品质代码	品质略解	品质详解
06.22 庶 FV 子曰："庶矣哉！"冉有曰："既庶矣。又何加焉？"曰："富之。"曰："既富矣，又何加焉？"曰："教之。"（子路第十三；朱熹，1983，pp.143-144）	①庶 FVA ②富→ 01.20 ③教→ 06.12	①庶：众也，人口稠密。 ②富→ 01.20 ③教→ 06.12	①庶：（1）人口众多；（2）人力资源丰富。 ②富→ 01.20 ③教→ 06.12

■ 表 06.23 变 FW

章句、主题 章句号 章句码	品质代码	品质略解	品质详解
06.23 变 FW 子曰："齐一变，至于鲁；鲁一变，至于道。"（雍也第六；朱熹，1983，p.90）	变 FWA	变：（1）更也；（2）易也。	变：（1）变更；（2）变易；（3）变化；（4）变革；（5）创新。

■ 表 06.24 躬自 FX

章句、主题 章句号 章句码	品质代码	品质略解	品质详解
06.24 躬自 FX 子曰："躬自厚而薄责于人，则远怨矣。" （卫灵公第十五；朱熹，1983，p.165）	①躬自 FXA ②厚 FXB ③薄 FXC ④责 FXD ⑤怨→ 01.24 ⑥不怨 FXE	①躬自：反躬自问。 ②厚：重，多，深。 ❖躬自厚。 ③薄：轻，少，浅。 ④责：责备。 ❖薄责于人。 ⑤怨→ 01.24 ⑥不怨：不忿恨。	①躬自：(1) 自身；(2) 自己；(3) 反躬自问。 ②厚：(1) 严格；(2) 众多；(3) 深刻。 ❖躬自厚：(1) 深刻地反省自己；(2) 严格地检讨自己。 ③薄：(1) 轻微；(2) 稀少；(3) 表浅。 ④责：(1) 责备；(2) 责令；(3) 要求。 ❖薄责于人：(1) 对于他人，宽容多，责备少；(2) 对于他人，理解多，苛刻少。 ⑤怨→ 01.24 ⑥不怨：(1) 不埋怨；(2) 不责备。

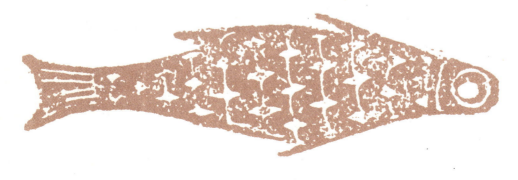

表 06.25 辨惑 FY

章句、主题 章句号 章句码	品质代码	品质略解	品质详解
06.25 辨惑 FY 子张问崇德、辨惑。子曰："主忠信,徙义,崇德也。爱之欲其生,恶之欲其死。既欲其生,又欲其死,是惑也"(颜渊第十二;朱熹,1983,p.136)	①辨惑 FYA ②崇德 FYB ③忠→ 04.01 ④信→ 01.23 ⑤义→ 05.03	①辨惑:(1)一朝之忿,忘其身,以及其亲,非惑与? (2)知一朝之忿为甚微,而祸及其亲为甚大,则有以辨惑而惩其忿矣。(3)感物而易动者莫如忿,忘其身以及其亲,惑之甚者也。(4)惑之甚者必起于细微,能辨之于早,则不至于大惑矣。故惩忿所以辨惑也。 ②崇德:主忠信,徙义。 ③忠→ 04.01 ④信→ 01.23 ⑤义→ 05.03	①辨惑:(1)只顾一时发怒,而忘记了自己,忘记了亲人,不就是惑吗? (2)如果认识到,自己一时之忿是小事情,而祸及亲人是大事情,那么,就能够达到惩治其忿怒的效果,这就是辨惑。(3)人们待人接物时,最容易发动的情绪,莫过于忿怒,若忘记了自己,忘记了亲人,而去发怒,那么,就是大惑了。(4)大惑必开始于小惑,如能及早辨别,小惑就不至于变成大惑。因此,惩治忿怒无异于辩惑。总之,"辨惑"的概念大致对应于西方心理学的"愤怒管理"概念,不过,不能将二者完全等同。 ②崇德:具备三大特征:(1)忠:替人办

续表

■ 表 06.25 辨惑 FY

章句、主题 章句号 章句码	品质代码	品质略解	品质详解
			事时，能够尽心尽力；（2）信：守信；信人；自信；（3）义：当做的事，合情合理的事，就去做。 ③忠→04.01 ④信→01.23 ⑤义→05.03

■ 表 06.26 迁怒 FZ

章句、主题 章句号 章句码	品质代码	品质略解	品质详解
06.26 迁怒 FZ 孔子对曰："有颜回者好学，不迁怒，不贰过。不幸短命死矣！今也则亡，未闻好学者也。"（雍也第六；朱熹，1983，pp.84-85）	①迁怒 FZA ②贰过 FZB	①迁怒：怒于甲者，移于乙。 ❖不迁怒：怒于甲者，不移于乙。 ②贰过：过于前者，复于后。 ❖不贰过：过于前者，不复于后。	①迁怒：把自己对甲的怒气转嫁到乙的身上。 ❖不迁怒：不将自己对甲的怒气转嫁到乙的身上。 ②贰过：复制错误。 ❖不贰过：不复制错误。

■ 表 07.01 视 GA

章句、主题 章句号 章句码	品质代码	品质略解	品质详解
07.01 视 GA 子曰："视其所以，观其所由，察其所安。人焉廋哉？人焉廋哉？"（为政第二；朱熹，1983，pp.56-57）	①视 GAA ②以 GAB ③观→ 02.07 ④由 GAC ⑤察→ 07.08 ⑥安 GAD	①视：看。 ②以：为也。 ❖视其所以。 ③观→ 02.07 ④由：从也。 ❖观其所由。 ⑤察→ 07.08 ⑥安：所乐也。 ❖察其所安。	①视：(1) 看；(2) 直观地看。 ②以：(1) 做；(2) 从事。 ❖视其所以：直观地看其行为本身。 ③观→ 02.07 ④由：(1) 目的；(2) 动机。 ❖观其所由：留意地看其行为背后的动机。 ⑤察→ 07.08 ⑥安：(1) 安乐；(2) 安逸。 ❖察其所安：尽心地看其行为背后的所安所乐。

表 07.02 成事 GB

章句、主题 章句号 章句码	品质代码	品质略解	品质详解
07.02 成事 GB 子闻之曰："成事不说，遂事不谏，既往不咎。"（八佾第三；朱熹，1983，p.67）	①成事 GBA ②说 GBB ③遂事 GBC ④谏 GBD ⑤既往 GBE ⑥咎 GBF	①成事：已完成的事。 ②说：评议，谈论。 ❖成事不说。 ③遂事：遂事，谓事虽未成，而势不能已者。 ④谏：规劝。 ❖遂事不谏。 ⑤既往：已经过去了的。 ⑥咎：追究。 ❖既往不咎。	①成事：已完成的事。 ②说：（1）评议；（2）谈论。 ❖成事不说：事情已经完成，就不再讨论。 ③遂事：虽未完成，却趋势难改之事。 ④谏：下级对上级规劝。 ❖遂事不谏：事情虽未完成，然而，趋势已难改变，就不再规劝。 ⑤既往：已经过去了的。 ⑥咎：追究。 ❖既往不咎：事情已经过去，就不再追究。

■ 表 07.03 念 GC

章句、主题 章句号 章句码	品质代码	品质略解	品质详解
07.03 念 GC 子曰："伯夷、叔齐不念旧恶，怨是用希。"（公冶长第五；朱　熹，1983，pp.81-82）	①念 GCA ②旧恶 GCB	①念：常思。 ②旧恶：旧怨。 ❖不念旧恶。	①念：（1）常思；（2）思念；（3）惦念。 ②旧恶：（1）旧怨；（2）他人往日对自己曾有的过错。 ❖不念旧恶：忘记旧怨。

■ 表07.04 用GD

章句、主题 章句号 章句码	品质代码	品质略解	品质详解
07.04 用GD 子谓仲弓曰："犁牛之子骍且角，虽欲勿用，山川其舍诸？"（雍也第六；朱熹，1983，pp.85-86）	①用GDA ②舍GDB	①用：用以祭也。 ②舍：舍弃。 ❖犁牛之子骍且角，虽欲勿用，山川其舍诸：（1）言人虽不用，神必不舍也；（2）言父之恶，不能废其子之善。	①用：使用。 ②舍：舍弃。 ❖犁牛之子骍且角，虽欲勿用，山川其舍诸：（1）即使父亲作恶多端，也不应该废弃人格高尚的儿子；（2）即使家庭出身卑微，只要自己有真才实学，别人不想用你，神灵也不会答应的；（3）家庭条件差的问题本身，不应该成为自卑的理由。

■ 表07.05 问GE

章句、主题 章句号 章句码	品质代码	品质略解	品质详解
07.05 问GE 厩焚。子退朝，曰："伤人乎？"不问马（乡党第十；朱熹，1983，p.121）	问GEA	问：询问；提问。	问：询问；提问。

■ 表 07.06 明 GF

章句、主题 章句号 章句码	品质代码	品质略解	品质详解
07.06 明 GF 子张问明。子曰："浸润之谮，肤受之愬，不行焉。可谓明也已矣。浸润之谮肤受之愬不行焉，可谓远也已矣。"（颜渊第十二；朱熹，1983，p.134）	明 GFA	明：视无所蔽。	明：能看明白。

■ 表 07.07 正名 GG

章句、主题 章句号 章句码	品质代码	品质略解	品质详解
07.07 正名 GG 子路曰："卫君待子而为政，子将奚先？"子曰："必也正名乎！"子路曰："有是哉，子之迂也！奚其正？"子曰："野哉由也！君子于其所不知，盖阙如也。名不正，则言不顺；言不顺，则事不成；事不成，则礼乐不兴；礼乐不兴，则刑罚不中；刑罚不中，则民无所措手足。故君子名之必可言也，言之必可行也。君子于其言，	①正 GGA ②名 GGB ③正名 GGC ④刑→06.21 ⑤罚 GGD ⑥礼→07.12 ⑦乐→07.12	①正：(1) 正当；(2) 决定。 ②名：(1) 名字；(2) 名称。 ③正名：确定名称。 ④刑→06.21 ⑤罚：惩罚。 ⑥礼→07.12 ⑦乐→07.12 ❖名不正，则言不顺；言不顺，则事不成；事不成，则礼乐不兴；	①正：(1) 正当；(2) 决定；(3) 确定。 ②名：(1) 名字；(2) 名称；(3) 身份；(4) 总方针；(5) 总路线；(6) 总政策；(7) 指导思想；(8) 基本纲领。 ③正名：(1) 确定名称，以使言行与名称相符；(2) 确定主政的总方针；(3) 确定主政的总路线；(4) 确定主政的总政策；(5) 确定主政的指导

续表

■ 表 07.07 正名 GG

章句、主题 章句号 章句码	品质代码	品质略解	品质详解
无所苟而已矣。" （子路第十三；朱熹， 1983，pp.141-142）		礼乐不兴，则刑罚不中，刑罚不中，则民无所措手足。故君子名之必可言也，言之必可行也。君子于其言，无所苟而已矣。	思想；(6) 确定主政的基本纲领。 ④刑→ 06.21 ⑤罚：惩罚。 ⑥礼→ 07.12 ⑦乐→ 07.12 ❖名不正，则言不顺；言不顺，则事不成；事不成，则礼乐不兴；礼乐不兴，则刑罚不中；刑罚不中，则民无所措手足。故君子名之必可言也，言之必可行也。君子于其言，无所苟而已矣：不确立指导思想，舆论宣传就难以畅通；舆论宣传难以畅通，政事就难以落实；政事难以落实，行为准则就难以制订；缺乏行为准则，就难以恰当地惩罚过错；不恰当地惩罚过错，民众就无所适从。因此，

续表

■ 表 07.07 正名 GG

章句、主题 章句号 章句码	品质代码	品质略解	品质详解
			管理者所确立的指导思想，必须变成舆论，而舆论又必须切实可行。管理者对于其舆论，不可待以轻率。

■ 表 07.08 察 GH

章句、主题 章句号 章句码	品质代码	品质略解	品质详解
07.08 察 GH 子曰："众恶之，必察焉；众好之，必察焉。"（卫灵公第十五；朱熹，1983，p.167）	察 GHA	察：复审。	察：(1) 复审；(2) 非常详细地看。要准确地理解"察"的内涵，必须了解"视""观""察"三者的联系与区别。三者都有看的内涵，这是其共同点。其间的区别在于，"视"为直观地看，"观"为详细地看，而"察"则为非常详细地看。

■ 表 **07.09 故旧 GI**

章句、主题 章句号 章句码	品质代码	品质略解	品质详解
07.09 故旧 GI 周公谓鲁公曰："君子不施其亲，不使大臣怨乎不以。故旧无大故，则不弃也。无求备于一人。"（微子第十八；朱熹，1983，p.187）	①施→ 03.03 ②怨→ 01.24 ③故旧 GIA ④弃 GIB ⑤求备→ 05.04	①施→ 03.03 ❖施其亲。 ❖不施其亲。 ②怨→ 01.24 ❖不使大臣怨乎不以。 ③故旧：旧交；旧友。 ④弃：舍弃，丢弃。 ❖故旧无大故，则不弃也。 ⑤求备→ 05.04 ❖无求备于一人。	①施→ 03.03 ❖施其亲：特意把好处送给亲友。 ❖不施其亲：不将好处送给亲友。 ②怨→ 01.24 ❖不使大臣怨乎不以：要让自己提拔起来的干部放开手脚地去干，不可以把他们当做傀儡，否则，会招致他们的埋怨、敷衍塞责和消极怠工。 ③故旧：(1)旧交；(2)旧友。 ④弃：(1)舍弃；(2)丢弃。 ❖故旧无大故，则不弃也：(1)如果旧交没有犯太大的错误，就不应该舍弃；(2)当年与自己共同创业的人，即使年纪已大，能力已差，如果没有犯太大的错误，也不应该丢

■ 表 07.09 故旧 GI

章句、主题 章句号 章句码	品质代码	品质略解	品质详解
			弃他们。 ⑤求备→ 05.04 ❖无求备于一人：不应该希望一个人既能干，又没有缺点，否则，就是"求备于一人"。

■ 表 07.10 德 GJ

章句、主题 章句号 章句码	品质代码	品质略解	品质详解
07.10 德 GJ 或曰："以德报怨，何如？"子曰："何以报德？以直报怨，以德报德。"（宪问第十四；朱熹，1983，p.157）	①德 GJA ②报 GJB ③怨→ 01.24 ④直 GJC	①德：谓恩惠也。 ❖以德报德。 ②报：回报；报答。 ③怨→ 01.24 ❖以德报怨。 ④直：于其所怨者，爱憎取舍，一以至公而无私，所谓直也。 ❖以直报怨。	①德：恩惠。 ❖以德报德：用恩惠去报答恩惠。 ②报：（1）回报；（2）报答。 ③怨→ 01.24 ❖以德报怨：用恩惠去报答仇怨。 ④直：（1）中立；（2）不偏私。 ❖以直报怨：（1）中立地、不偏私地报答怨仇；（2）对于自己的仇人，既不以恩惠报答（亦即不以德报怨），也不公报私仇（亦即不以怨报怨），而是中立地不偏私地处理其事，亦即公事公办。

■ 表 07.11 辟 GK

章句、主题 章句号 章句码	品质代码	品质略解	品质详解
07.11辟GK 子曰："贤者辟世，其次辟地，其次辟色，其次辟言。"（宪问第十四；朱熹，1983，p.158）	①贤→ 02.01 ②辟 GKA ③辟世 GKB ④辟地 GKC ⑤辟色 GKD ⑥辟言 GKE	①贤→ 02.01 ②辟：躲开；回避。 ③辟世：远离乱世。 ④辟地：远离危险的地区。 ⑤辟色：避免态度傲慢。 ⑥辟言：避免发牢骚。	①贤→ 02.01 ②辟：（1）躲开；（2）回避；（3）远离。 ③辟世：远离乱世。 ④辟地：（1）远离混乱的地区；（2）远离危险的地区。 ⑤辟色：（1）避免给人脸色；（2）避免态度傲慢。 ⑥辟言：（1）避免发牢骚；（2）避免传谣。

■ 表 07.12 礼乐 GL

章句、主题 章句号 章句码	品质代码	品质略解	品质详解
07.12 礼乐 GL 子曰："礼云礼云，玉帛云乎哉？乐云乐云，钟鼓云乎哉？"（阳货第十七；朱熹，1983，pp.178-179）	①礼 GLA ②乐 GLB	①礼：行修言道，礼之质也（王文锦，2001，p.2）。 ②乐：敬而将之以玉帛，则为礼；和而发之以钟鼓，则为乐。礼只是一个序，乐只是一个和。只此两字，含蓄多少义理。天下无一物无礼乐。且如置此两椅，一不正，便是无序。无序便乖，乖便不和。礼乐无处无之，学者须要识得。	①礼：（1）如果说，"道"是客观存在的自然规律，那么，"礼"就是主客观相统一的社会规律；（2）如果说，"道"是客观存在的自然法则，那么"礼"就是主客观相统一的社会法则；（3）如果说，"道"因其纯粹客观的性质而具有不可更改性，那么，"礼"则因其主客观相统一的性质而具有可变性；（4）如果说，"道"是规范自然"言行"的准则，那么，"礼"就是规范人类言行的准则。应该说，法亦是规范人类言行的准则，那么，礼与法之间有何区别呢？如果说，规范人类言行时，礼暗合于心理学的强化原理，那么，法就切合于心

■ 表 07.12 礼乐 GL

章句、主题 章句号 章句码	品质代码	品质略解	品质详解
			理学的惩罚原理。如果说，礼的功能是强化人类的善言善行，那么，法的功能就是惩罚人类的恶言恶行。 ②乐：（1）凡是能够促进人际和谐的东西，都可以叫"乐"。如果说，礼将不同的个体锁定于对立的时空坐标点，那么，乐就把不同的个体合和于统一的时空坐标系。（2）凡是使人快乐，使人的感官可以得到享受的东西，都可泛称为"乐"。所以，"乐"的本质，就是规范人类娱乐活动的准则，而"乐"的内容也极为广泛，不仅涵盖音乐、诗歌、舞蹈，而且涵盖绘画、雕镂、建筑等造型美术，甚至可以涵盖仪仗、田猎、肴馔等（郭沫若，2005，p.141）。

■ 表 07.13 中庸 GM

章句、主题 章句号 章句码	品质代码	品质略解	品质详解
07.13 中庸 GM 子曰："中庸之为德也，其至矣乎！民鲜久矣。"（雍也第六；朱熹，1983，p.91）。	中庸 GMA	中庸：（1）不偏之谓中，不易之谓庸。中者，天下之正道，庸者，天下之定理。（2）喜怒哀乐之未发，谓之中；发而皆中节，谓之和。中也者，天下之大本也；和也者，天下之达道也。（3）致中和，天地位焉，万物育焉。（4）中庸者，不偏不倚、无过不及，而平常之理，乃天命所当然，精微之极致也。（5）以性情言之，则曰中和，以德行言之，则曰中庸是也（朱熹，1983，pp.17-19）。	中庸：（1）适中；（2）平衡。关于中庸的界说，见仁见智，莫衷一是。我们认为，中国古人朱熹等人的"中庸"概念，大致对应于西方心理学家皮亚杰的"平衡"概念。可以说，"中庸"的本质就是动态平衡。如果说，朱熹重视了"中庸"对于自然、社会、人生的极大价值，那么，皮亚杰则强调了"平衡"在个体智力发展中的重要作用。虽然两人生于不同的时代，虽然两人处在不同的世界，但是，两人却重视基本相同的概念。看来，智者的心灵很容易突破时空的阻隔。

■ 表 07.14 思齐 GN

章句、主题 章句号 章句码	品质代码	品质略解	品质详解
07.14 思齐 GN 子曰："见贤思齐焉，见不贤而内自省也。"（里仁第四；朱熹，1983，p.73）	①思齐 GNA ②自省 GNB	①思齐：思齐者，冀己亦有是善。 ②自省：内自省者，恐己亦有是恶。	①思齐：以好人为楷模，向好人看齐。 ②自省：以坏人为镜子，反省自己。

■ 表 07.15 益损 GO

章句、主题 章句号 章句码	品质代码	品质略解	品质详解
07.15 益损 GO 孔子曰："益者三友，损者三友。友直，友谅，友多闻，益矣。友便辟，友善柔，友便佞，损矣。"（季氏第十六；朱熹，1983，p.171）	①直→ 03.09 ②谅 GOA ③多闻 GOB ④便辟 GOC ⑤善柔 GOD ⑥便佞 GOE	①直→ 03.09 ②谅：诚实。 ③多闻：见多识广。 ④便辟：习于威仪而不直。 ⑤善柔：工于媚悦而不谅。 ⑥便佞：习于口语而无闻见之实。	①直→ 03.09 ②谅：诚实。 ③多闻：见多识广。 ④便辟：(1) 脾气古怪；(2) 嗜好不良；(3) 软硬不吃。 ⑤善柔：(1) 个性软弱，依赖性强；(2) 好好先生。 ⑥便佞：(1) 光说不做；(2) 只说不练；(3) 说人话，不办人事。

表 07.16 敬 GP

章句、主题 章句号 章句码	品质代码	品质略解	品质详解
07.16 敬 GP 子曰："道千乘之国：敬事而信，节用而爱人，使民以时。"（学而第一；朱熹，1983，p.49）	①敬 GPA ②信→ 01.23 ③节用 GPB ④爱→ 03.09 ⑤使民 GPC ⑥道 GPD	①敬：敬者，主一无适之谓。 ②信→ 01.23 ❖敬事而信：（1）敬其事而信于民也；（2）上不敬则下慢，不信则下疑，下慢而疑，事不立矣。敬事而信，以身先之也。 ③节用：节以制度，不伤财，不害民。 ④爱→ 03.09 ❖节用而爱人：盖侈用则伤财，伤财必至于害民，故爱民必先于节用。 ⑤使民：使唤民众。 ❖使民以时：使民不以其时，	①敬：（1）认认真真；（2）兢兢业业。 ②信→ 01.23 ❖敬事而信：（1）只要恪尽职守、认认真真地为民众做事，就能得到民众的信任。（2）如果官员做事不认真，那么，民众也会怠慢事情，如果官员得不到民众的信任，民众就会产生疑问，若民众既怠慢又有疑，那么，事情就不可能完成。所谓"敬事而信"，就是官员带头行动。 ③节用：节约开支。 ④爱→ 03.09 ❖节用而爱人：如果官员奢侈浪费，那么，就会伤财，伤财必然害民，因此，爱民须先节约开支。 ⑤使民：使唤民众。 ❖使民以时：使唤民

■ 表 07.16 敬 GP

章句、主题 章句号 章句码	品质代码	品质略解	品质详解
		则力本者不获自尽，虽有爱人之心，而人不被其泽矣。 ⑥道：治也。	众的时间，须方便于民众。 ⑥道：(1) 治理；(2) 管理。

■ 表 07.17 为邦 GQ

章句、主题 章句号 章句码	品质代码	品质略解	品质详解
07.17 为邦 GQ 子曰："善人为邦百年，亦可以胜残去杀矣。诚哉是言也！"（子路第十三；朱熹，1983，p.144）	①胜残 GQA ②去杀 GQB	①胜残：化残暴之人，使其不为恶。残，凶暴的人。 ②去杀：民化于善，可以不刑杀。	①胜残：(1) 遏制残暴之人，使其改邪归正，不再作恶;(2) 教化残暴之人，使其改邪归正，不再作恶。 ②去杀：(1) 废除死刑；(2) 把民众都教化成善人，就可以不再动用死刑。

表 07.18 为邦 GR

章句、主题 章句号 章句码	品质代码	品质略解	品质详解
07.18 为邦 GR 颜渊问为邦。子曰："行夏之时，乘殷之辂，服周之冕，乐则韶舞。放郑声，远佞人。郑声淫，佞人殆。"（卫灵公第十五；朱熹，1983，pp.163-164）	①放 GRA ②远 GRB	①放：谓禁绝之。 ❖放郑声。 ②远：疏远。 ❖远佞人。	①放：禁止。 ❖放郑声：（1）禁止放荡的郑国音乐；（2）扫黄打非。 ②远：疏远，不亲近，不接近。 ❖远佞人：疏远阿谀奉承之人。

表 07.19 宰 GS

章句、主题 章句号 章句码	品质代码	品质略解	品质详解
07.19 宰 GS 子华使于齐，冉子为其母请粟。子曰："与之釜。"请益。曰："与之庾。"冉子与之粟五秉。子曰："赤之适齐也，乘肥马，衣轻裘。吾闻之也，君子周急不继富。"原思为之宰，与之粟九百，辞。子曰："毋！以与尔邻里乡党乎！"（雍也第六；朱熹，1983，p.85）	①周急 GSA ②继富 GSB	①周急：周者，补不足。急，穷迫。 ②继富：继者，续有馀。 ❖周急不继富。	①周急：（1）救济穷人；（2）雪中送炭。 ②继富：（1）照顾富人；（2）锦上添花。 ❖周急不继富：（1）只救济穷人，而不照顾富人；（2）只雪中送炭，而不锦上添花。

■ 表07.20 宰 GT

章句、主题 章句号 章句码	品质代码	品质略解	品质详解
07.20 宰 GT 子游为武城宰。子曰："女得人焉尔乎？"曰："有澹台灭明者，行不由径。非公事，未尝至于偃之室也。"（雍也第六；朱熹，1983，p.88）	得人 GTA	得人：得到人才。	得人：(1) 发现人才；(2) 挖掘人才；(3) 培养人才。

■ 表07.21 宰 GU

章句、主题 章句号 章句码	品质代码	品质略解	品质详解
07.21 宰 GU 子路使子羔为费宰。子曰："贼夫人之子。"子路曰："有民人焉，有社稷焉。何必读书，然后为学？"子曰："是故恶夫佞者。"（先进第十一；朱熹，1983，p.129）	读书 GUA	读书：阅读图书。 ❖何必读书？	读书：阅读图书。 ❖何必读书？这是子路提出的一个命题。也许，子路提出了最早的"读书无用论"。真的"何必读书"吗？研究结果正好相反：但凡历史上杰出的政治家，许多都是大学问家，亦即读过很多书的人！因此，学问应该是从政的基础，政事再忙再累，也应该不断充实新学问。

■ 表 07.22 行 GV

章句、主题 章句号 章句码	品质代码	品质略解	品质详解
07.22 行 GV 子张问行。子曰："言忠信，行笃敬，虽蛮貊之邦行矣；言不忠信，行不笃敬，虽州里行乎哉？立，则见其参于前也；在舆，则见其倚于衡也。夫然后行。"子张书诸绅。（卫灵公第十五；朱熹，1983，p.162）	①忠→ 04.01 ②信→ 01.23 ③敬→07.16	①忠→ 04.01 ②信→ 01.23 ③敬→ 07.16	①忠→ 04.01 ②信→ 01.23 ③敬→ 07.16

■ 表 07.23 六蔽 GW

章句、主题 章句号 章句码	品质代码	品质略解	品质详解
07.23 六蔽 GW 子曰："由也，女闻六言六蔽矣乎？"对曰："未也。""居！吾语女。好仁不好学，其蔽也愚；好知不好学，其蔽也荡；好信不好学，其蔽也贼；好直不好学，其蔽也绞；好勇不好学，其蔽也乱；好刚不好学，其蔽也狂。"（阳货第十七；朱熹，1983，p.178）	①愚 GWA ②智→ 03.01 ③荡 GWB ④贼 GWC ⑤直 GWD ⑥绞 GWE ⑦勇 GWF ⑧乱 GWG ⑨刚 GWH ⑩狂→ 06.13	①愚：若可陷可罔之类。 ❖好仁不好学，其蔽也愚。 ②智→ 03.01 ③荡：谓穷高极广而无所止。 ❖好知不好学，其蔽也荡。 ④贼：谓伤害于物。 ❖好信不好学其蔽也贼。	①愚：(1) 愚蠢；(2) 被人愚弄。 ❖好仁不好学，其蔽也愚：如果只是纯粹地喜好仁慈，亦即纯粹地乐于助人，而不愿意学习相关的知识，就会变成愚蠢之人，被人愚弄之人。 ②智→ 03.01 ③荡：(1) 放荡；(2) 任性；(3) 无所适守。

续表

■ 表 07.23 六蔽 GW

章句、主题 章句号 章句码	品质代码	品质略解	品质详解
		⑤直：直爽。 ⑥绞：急切。 ❖好直不好学，其蔽也绞。 ⑦勇：刚之发。 ⑧乱：作乱。 ❖好勇不好学，其蔽也乱。 ⑨刚：勇之体。 ⑩狂→06.13 ❖好刚不好学，其蔽也狂。	❖好知不好学，其蔽也荡：如果只是纯粹地喜好智慧，而不愿意学习相关的知识，那么，就会放荡任性，无所适守。 ④贼：（1）祸害；（2）伤害；（3）损害。 ❖好信不好学其蔽也贼：如果只是纯粹地喜好守信，而不愿意学习相关的知识，那么，就会伤害到自己或他人。 ⑤直：直爽。 ⑥绞：急切。 ❖好直不好学，其蔽也绞：如果只是纯粹地喜好直爽，而不愿意学习相关的知识，那么，就会对人尖酸刻薄、鲁莽无礼。 ⑦勇：勇敢。 ⑧乱：作乱。 ❖好勇不好学，其蔽

续表

■ 表07.23 六蔽 GW

章句、主题 章句号 章句码	品质代码	品质略解	品质详解
			也乱：如果只是纯粹地喜好勇敢，而不愿意学习相关的知识，那么，就会添乱，就会闯祸，就会把事情搞坏。 ⑨刚：刚强。 ⑩狂→06.13 ❖好刚不好学，其蔽也狂：如果只是纯粹地喜好刚强，而不愿意学习相关的知识，那么，就会狂妄自大，目中无人。

108

■ 表 07.24 成人 GX

章句、主题 章句号 章句码	品质代码	品质略解	品质详解
07.24 成人 GX 子路问成人。子曰："若臧武仲之知，公绰之不欲，卞庄子之勇，冉求之艺，文之以礼乐，亦可以为成人矣。"曰："今之成人者何必然？见利思义，见危授命，久要不忘平生之言，亦可以为成人矣。"（宪问第十四；朱熹，1983，pp.151-152）	①智→ 03.01 ②欲→ 01.24 ③勇→ 07.23 ④艺→ 01.05 ⑤礼→ 07.12 ⑥乐→ 07.12	①智→ 03.01 ②欲→ 01.24 ③勇→ 07.23 ④艺→ 01.05 ⑤礼→ 07.12 ⑥乐→ 07.12	①智→ 03.01 ②欲→ 01.24 ③勇→ 07.23 ④艺→ 01.05 ⑤礼→ 07.12 ⑥乐→ 07.12

■ 表 07.25 愆 GY

章句、主题 章句号 章句码	品质代码	品质略解	品质详解
07.25 愆 GY 孔子曰："侍于君子有三愆：言未及之而言谓之躁，言及之而不言谓之隐，未见颜色而言谓之瞽。"（季氏第十六；朱熹，1983，p.172）	①愆 GYA ②躁 GYB ③隐 GYC ④瞽 GYD	①愆：过也。 ②躁：(1) 急躁；(2) 言未及之而言谓之躁。 ③隐：(1) 隐瞒；(2) 言及之而不言谓之隐。 ④瞽:(1)无目；(2)不能察言观色；(3) 未见颜色而言谓之瞽。	①愆：(1) 过失；(2) 毛病；(3) 过错；(4) 罪过。 ②躁：(1) 急躁；(2) 还没有轮到自己说话的时候，就抢话说；(3) 为了表现自己，为了出风头，还没有轮到自己讲话的时候，就抢着讲。

续表

表 07.25 您 GY

章句、主题 章句号 章句码	品质代码	品质略解	品质详解
			③隐：（1）隐瞒；（2）应该讲话的时候，怕负责而不讲。 ④瞽：（1）没有眼睛；（2）不长眼睛；（3）讲话的时候，不懂得观察环境，不懂得观察听众的表情。

表 07.26 怀 GZ

章句、主题 章句号 章句码	品质代码	品质略解	品质详解
07.26 怀 GZ 子曰："君子怀德，小人怀土；君子怀刑，小人怀惠。"（里仁第四；朱熹，1983，pp.71-72）	①怀 GZA ②怀德 GZB ③怀土 GZC ④怀刑 GZD ⑤怀惠 GZE	①怀：思念也。 ②怀德：谓存其固有之善。 ③怀土：谓溺其所处之安。 ④怀刑：谓畏法。 ⑤怀惠：谓贪利。	①怀：（1）思念；（2）牢记；（3）依恋；（4）向往。 ②怀德：（1）牢记道德；（2）做事前，先想起道德，符合道德的事，即使不能带来财富，也会去做；（3）做事前，先想起道德，如果违反道德，即使能够带来财富，也坚决不做。

■ 表 07.26 怀 GZ

章句、主题 章句号 章句码	品质代码	品质略解	品质详解
			③怀土：(1) 思念土地；(2) 思念财富；(3) 做事前，先想到财富，只要能够带来财富，违反道德的事也要去做；(4) 做事前，先想到财富，如果不能带来财富，符合道德的事，也不肯去做。 ④怀刑：(1) 牢记刑罚；(2) 想起刑罚；(3) 做事前，先想到刑罚，合法的事就去做；(4) 做事前，先想到刑罚，犯法的事，即使有利可图，也坚决回避。 ⑤怀惠：(1) 牢记利益；(2) 想到实惠；(3) 做事前，先想到利益，如果有利可图，即使违法，也敢去做；(4) 做事前，先想到实惠，如果无利可图，合理合法的事也不肯去做。

索 引

品质与代码	章句号	页码
A		
哀矜 DED	04.05	55
爱 CIA	03.09；07.16	47；102
爱人 CIE	03.09	47
安 GAD	07.01	87
B		
薄 FXC	06.24	84
报 GJB	07.10	96
暴 AYB	01.25	29
必 FCC	06.03	67
变 FWA	06.23	83
便佞 GOE	07.15	101
便辟 GOC	07.15	101
辨惑 FYA	06.25；06.04	85；68
博 FPA	06.16	80
不谋 AFB	01.06	9
不能 EJH	05.10	64
不器 EIB	05.09	63
不辱 AQD	01.17	17
不怨 FXE	06.24	84
不说 AOB	01.15	15
C		
草德 AJC	01.10	12

品质与代码	章句号	页码
察 GHA	07.08；07.01	93；87
臣臣 AZB	01.26	32
称 FNA	06.14；01.17	78；17
成事 GBA	07.02	88
崇德 FDA	06.04	68
崇德 FYB	06.25	85
慈 FOD	06.15	79
聪 ECA	05.03	58
D		
达 AEB	01.05	8
达 CHD	03.08	46
大人 EBC	05.02	57
惮改 EHE	05.08	62
党 FKC	06.11	76
荡 GWB	07.23	106
道 DAA	04.01；01.10	51；12
道 EFC	05.06	60
道 FUA	06.21	82
道 GPD	07.16	102
得情 DEC	04.05	55
得人 GTA	07.20	105
德 ABC	01.02；06.21	4；82
德 GJA	07.10	96
弟 EGA	05.07	61

品质与代码	章句号	页码
瞽 GYD	07.25	109
固 EHB	05.08	62
固 FCD	06.03	67
故旧 GIA	07.09	94
怪 FAB	06.01	65
观 BGC	02.07；07.01	37；87
贯 DAB	04.01；06.17	51；80
归 AVC	01.22	23
鬼 CAD	03.01	39
果 AEA	01.05；01.17	8；17
过 EHD	05.08	62
H		
好 DDB	04.04	54
和 FEA	06.05	70
恒 FTA	06.20	82
弘 CJB	03.10	50
厚 FXB	06.24	84
画 DBA	04.02	52
怀 GZA	07.26	110
怀德 GZB	07.26	110
怀惠 GZE	07.26	110
怀土 GZC	07.26	110
怀刑 GZD	07.26	110
患 BHA	02.08	38

品质与代码	章句号	页码
惠 AXA	01.24；03.06	26；44
惑 EEA	05.05	59
J		
己 CBB	03.02	40
济 CHB	03.08	46
既往 GBE	07.02	88
继 AVB	01.22	23
继富 GSB	07.19	104
嘉 EJE	05.10	64
嘉善 EJF	05.10	64
俭 AAD	01.01	3
谏 GBD	07.02	88
骄 AXH	01.24	26
骄乐 EFE	05.06	60
绞 GWE	07.23；06.02	106；66
教 FLA	06.12；06.15；06.22	77；79；83
节 EFB	05.06	60
节用 GPB	07.16	102
竭 FRD	06.18	81
矜 FKA	06.11	76
矜 EJG	05.10	64
矜不能 EJI	05.10	64
谨 AUA	01.21	22
敬 CAC	03.01	39

品质与代码	章句号	页码
敬 GPA	07.16；02.06；03.03；03.05；05.03；06.14；07.22	102；36；42；43；58；79；106
旧恶 GCB	07.03	89
咎 GBF	07.02	88
居 AHA	01.08	11
举 FOE	06.15；01.12；01.22；03.09	79；13；23；47
据 DCA	04.03	53
惧 EAB	05.01；05.05	56；59
倦 AHB	01.08；01.11	11；13
狷 FMB	06.13	77
君君 AZA	01.26	32
K		
克 CBA	03.02	40
克 CGA	03.07	45
克己 CBC	03.02	40
叩 FRC	06.18	81
宽 AWE	01.23；03.06	24；44
狂 FMA	06.13；07.23	77；106
L		
来 AOC	01.15	15
劳 AXC	01.24；06.02	26；66
劳之 AKB	01.11	13
乐 EFA	05.06	60
礼 FPD	06.16	80

品质与代码	章句号	页码
礼 GLA	07.12；02.02；02.03；03.02；06.21；07.07；07.24	98；34；34；40；82；91；109
利 APB	01.16	16
立 CHC	03.08	46
力 FAC	06.01	65
良 AAB	01.01	3
两端 FRB	06.18	81
谅 GOA	07.15	101
临 FOB	06.15	79
乱 FAD	06.01	65
乱 GWG	07.23；06.02	106；66
M		
猛 AXJ	01.24	26
民散 DEB	04.05	55
民信 AGC	01.07	10
敏 AWG	01.23；03.06	24；44
名 GGB	07.07	91
明 GFA	07.06	91
谋 AFA	01.06	9
N		
难 ECC	05.03	58
念 GCA	07.03	89
虐 AYA	01.25	29
P		

品质与代码	章句号	页码
辟 GKA	07.11	97
辟地 GKC	07.11	97
辟色 GKD	07.11	97
辟世 GKB	07.11	97
辟言 GKE	07.11	97
Q		
欺 BEA	02.05	36
齐 FUC	06.21	82
弃 GIB	07.09	94
器 EIA	05.09	63
器之 EDA	05.04	59
迁怒 FZA	06.26	86
慇 GYA	07.25	109
亲 ATB	01.20	21
穷经 AMA	01.13	14
求备 EDB	05.04；07.09	59；94
求己 FJA	06.10	75
求人 FJB	06.10	75
去杀 GQB	07.17	103
劝 FOA	06.15	79
群 BGD	02.07；06.11	37；76
R		
让 AAE	01.01	3

品质与代码	章句号	页码
仁 CBE	03.02；01.20；03.01；03.03；03.04；03.05；03.06；03.07；03.08；03.09；05.05	40；21；39；42；43；43；44；45；46；47；59
讱 CDA	03.04	43
容 EJC	05.10	64
容众 EJD	05.10	64
辱 AQB	01.17	17
S		
杀 AJA	01.10	12
善柔 GOD	07.15	101
上达 FFA	06.06	72
舍 GDB	07.04	90
赦 ALB	01.12	13
神 CAE	03.01；06.01	39；65
审 AUB	01.21	22
圣人 EBD	05.02	57
胜残 GQA	07.17	103
失道 DEA	04.05	55
失人 FHA	06.08	74
失信 AGD	01.07	10
失言 FHB	06.08	74
失政 ARA	01.18	19
诗 BGA	02.07	37
施 CHA	03.08；01.03；03.03；07.09	46；7；42；94

品质与代码	章句号	页码
识 FQA	06.17；02.07	80；37
食 BFA	02.06	36
使臣 BCA	02.03	34
使民 GPC	07.16	102
士 CJA	03.10	50
事父 BAD	02.01；02.07	33；37
事君 BCB	02.03；02.01；02.02；02.04；02.05； 02.06；02.07；02.08	34；33；34；35； 36；36；37；38
事贤 FIA	06.09	75
视 GAA	07.01	87
守 DDC	04.04	54
恕 DAD	04.01；03.03	51；42
庶 FVA	06.22	83
数 BDA	02.04	35
帅 AIB	01.09	11
说 GBB	07.02	88
思 ECD	05.03	58
思齐 GNA	07.14	101
遂事 GBC	07.02	88
T		
泰 AXG	01.24	26
贪 AXF	01.24	26
天命 EBB	05.02	57
同 FEB	06.05	70

品质与代码	章句号	页码
W		
枉 CID	03.09	47
威 AXI	01.24；05.08	26；62
为己 FGA	06.07	73
为人 FGB	06.07	73
为政 ABB	01.02	4
畏 EBA	05.02	57
温 AAA	01.01；05.03	3；58
问 GEA	07.05；05.03	90；58
我 FCE	06.03	67
毋 FCA	06.03	67
毋意 FCF	06.03	67
毋必 FCG	06.03	67
毋固 FCH	06.03	67
毋我 FCI	06.03	67
侮 EBF	05.02	57
务民 CAB	03.01	39
无倦 AHC	01.08	11
X		
蒽 FBA	06.02	66
狎 EBE	05.02	57
下达 FFB	06.06	72
先之 AKA	01.11	13
贤 BAA	02.01	33

品质与代码	章句号	页码
贤 BAB	02.01；05.10；07.11	33；64；97
小利 APC	01.16	16
孝 FOC	06.15；01.03；05.07	79；7；61
信 AWF	01.23；01.17；02.01；03.06；04.04；05.08；06.25；07.16；07.22	24；17；33；44；54；62；85；102；106
刑 FUD	06.21；07.07	82；91
兴 AVA	01.22	23
兴 BGB	02.07	37
修 AUC	01.21	22
修慝 FDB	06.04	68
学 FPB	06.16；04.04；06.17	80；54；80
Y		
宴乐 EFG	05.06	60
依 DCB	04.03	53
以 GAB	07.01	87
义 ECE	05.03；06.25	58；85
艺 AEC	01.05；07.24	8；109
佚游 EFF	05.06	60
易色 BAC	02.01	33
意 FCB	06.03	67
毅 CJC	03.10	50
隐 GYC	07.25	109
勇 GWF	07.23；05.05；07.24	106；59；109

品质与代码	章句号	页码
用 GDA	07.04	90
忧 EAA	05.01；05.05	56；59
由 GAC	07.01	87
游 DCC	04.03	53
友 ACA	01.03	7
友 EHC	05.08	62
友仁 FIB	06.09	75
有耻 AQA	01.17	17
有司 ALA	01.12	13
有司 AYD	01.25	29
愚 GWA	07.23	106
语 FAA	06.01	65
欲 AXE	01.24；03.03；03.07；07.24	26；42；45；109
欲速 APA	01.16	16
远 GRB	07.18；03.01	104；39
怨 AXD	01.24；02.07；03.07；06.24；07.09；07.10	26；37；45；84；94；96
约 FPC	06.16	80
说 AOA	01.15；01.23	15；24
乐 GLB	07.12；07.07；07.24	98；91；109
Z		
躁 GYB	07.25	109
责 FXD	06.24	84
责己 ASC	01.19	20

品质与代码	章句号	页码
责人 ASB	01.19；01.20	20；21
贼 AYC	01.25	29
贼 GWC	07.23	106
争 FKB	06.11	76
正 AIA	01.09	11
正 GGA	07.07	91
正己 ANA	01.14	14
正名 GGC	07.07	91
正人 ANB	01.14	14
政 ABA	01.02	4
政 FUB	06.21	82
知 CIB	03.09	47
知 FRA	06.18	81
知人 CIF	03.09	47
执中 ASA	01.19	20
直 CIC	03.09；07.15	47；101
直 GJC	07.10	96
直 GWD	07.23	106
志 FSA	06.19；04.03	81；53
致用 AMB	01.13	14
智 CAA	03.01；03.09；05.05；07.23；07.24	39；47；59；106；109
智者 FHC	06.08	74
中庸 GMA	07.13	100

附录

附录1　行为事件内省法操作指南

尊敬的同学：您好！

内省并整理过去发生的一些关键事件，对当前与未来的行动，具有重要的指导意义。为此，请您采用"行为事件内省法"，细致地内省并记录过去一年里您最成功（或最遗憾）的一件事情。

行为事件内省法的关键，在于 STAR 技术。STAR 是内省行为事件时所依据的四大线索，其中，S 代表 Situation（情境），T 代表 Task（任务），A 代表 Action（行动），R 代表 Result（结果）。

一、以 S（情境）为线索，内省并回答 6 个问题：

(1) 这件最成功（或最遗憾）的事情是什么？

(2) 这件事情的焦点是什么？

(3) 做这件事时，采用了什么方法？

(4) 能否指明做这件事的时间与地点？

(5) 除了您之外，这件事情还涉及到哪些人？

(6) 做这件事的直接原因是什么？间接原因又是什么？

二、以 T（任务）为线索，内省并回答 3 个问题：

(1) 做这件事，是为了达到哪些目标？

(2) 做这件事，碰到了哪些障碍？

(3) 做这件事，需要完成哪些任务？

三、以 A（行动）为线索，内省并回答 6 个问题：

(1) 当时，您觉察到了些什么？例如，您看到或听到了什么？

(2) 当时，什么情绪伴随着您？例如，快乐、悲伤或愤怒的情绪；再如，厌恶、惊讶或恐惧的情绪。

(3) 当时，您想到了些什么？

(4) 当时，您说了些什么？做了些什么？

(5) 当时，您为什么要那样想、那样说、那样做？

(6) 当时，您对其他人采取了何种态度（如接纳或排斥）？

四、以 R（结果）为线索，内省并回答 3 个问题：

（1）这件事产生了哪些正面的结果？

（2）这件事导致了哪些问题？

（3）相关的人物给了您什么样的反馈？

◇ 本指南系李庆安与金丽平合作研制

附录2　行为事件内省法操作实例

成功与感恩：从国家奖学金到钱瑗教育基金

柴慈瑾

过去一年中最开心的事，就是我将所获"国家奖学金"中的5000元捐赠给"钱瑗教育基金"的经历吧。一位作家说，回忆过去的生活，无异于再活一次。因此我愿记录下这段愉悦的经历，虽事已过往，却仍然可以润泽我今天的生命和感觉，使我在回忆中拈花微笑。

去年11月份，当我从老师口中得知我获得了"国家奖学金"时，我的内心既兴奋、骄傲，又知足、感激。获得这个荣誉，固然与我平日的默默坚持相关，更与一些老师对我谆谆的教导与热诚的鼓励分不开。我回想起许多师大的老师，他们曾给予我关切的凝视、耐心的倾听、有益的启发和生命的点亮。如果说原来内向而闭塞的我如同一间阴暗的屋子，那么每一位老师都为我打开一扇窗，使我的内心充满阳光。所谓饮水思源，我打算用获得的奖金做一点有意义的事，做一点对师大老师有所回报的事。

今年3月，我把我的想法告诉了班主任，他指引我可以去校友会咨询一下。我怀着兴奋、期待又有点不安的心情，来到英东楼的校友会办公室，找到了郭军丽老师。当我说明来意时，我可以感觉到，郭老师明显地对我的想法有所吃惊和怀疑。我至今仍然记得我们对话的一些片段：

"老师，我是北师大的学生，我想给学校的教育基金捐赠5000块钱，校友会是不是可以帮我实现呢？"

"你怎么要捐这么多钱？你是怎么得来的？"

"我得了一个奖学金，8000元奖金，我想把其中的5000元捐赠给师大，我觉得分享比独自占有更令我快乐。"

"你这是什么奖学金？"

"国家奖学金。"

"哦，这是怎么评的？"

"是学院组织评比的，一年一次，以综合测评成绩为参考。"

"你是哪个院的？"

"文学院。"

"为什么不自己留着这份奖金呢？怎么有捐出来的想法呢？"

"我以为这个奖固然是对我能力的认可，同时也是老师们辛勤育人的成果和证明。如果没有老师们对我的无私的帮助，我不会有充沛的自信和坚韧的信念，也不会有成功。所以我想对师大的老师有所回报，表示我的敬意与感恩。"

此时，当郭老师对我想法的来龙去脉有了较为明晰的了解后，我注意到她的神色已由质疑转变为认可和赞赏。她耐心地向我介绍了校友会支持的几种基金。有启功教育基金、白寿彝学术基金、钱瑗教育基金等等。面对名目如此繁多的可以捐赠的基金，霎时间我感到自己的渺小和无力。原本以为5000元可以发挥一点作用，但此刻才明白只是细流之于大海。我有点难为情地对郭老师说："老师，我觉得我捐得太少了。"郭老师爽朗地对我笑着说："同学，不少了，我自己给钱瑗基金也只捐了1000元。你作为一个学生，5000元是个大数字了，很了不起。"我这才稍稍获得了一点心理的满足，并有点腼腆地笑了。我又向郭老师征询意见，看我捐赠给哪个基金比较适合。郭老师建议我捐赠给钱瑗教育基金，因为这个奖是专门颁发给北师大老师的。我也觉得捐赠这个基金很有意思。于是当即和老师定好，就捐给钱瑗基金吧。

当我从自动取款机取出5000元并交给郭老师时（我发现5000元其实是挺薄的一沓），她为我开具了捐赠发票，嘱托我要保管好。她说："这不仅是一个纪念，也是你人格的证明，孩子，这个千万别弄丢了。"我点点头。老师又从书橱中取下一本书送给我，是杨绛等人所著的《我们的钱瑗》。我这才知道，原来我们学校已故的钱瑗教授，是钱钟书先生和杨绛女士的女儿。此刻，一种前所未有的神圣感和使命感充溢着我的身心。我忽然想起《论语》中的一句话："士不可不弘毅，任重而道远。"学术之脉永是悠长地流淌，而数风流人物，还须看今朝。

最后，郭老师问起我的高中，我答曰毕业于天津南开中学。她赞叹地说："是培养了两位总理的学校吧，周恩来和温家宝？"我自豪地点点头："是的。"老师又想请我做校友会的记者，采访优秀校友和撰写报告。因为南开中学的特级教师有相当一部分是从北师大毕业的，我既是南开的校友又是师大的校友，身兼两便，正可以在放假回家之时探望母校，并帮助老师完成采访任务。我愉快地答应了，并与老师互留了联系方式。

当我在电话中将这次经历告诉我的父母时，他们对我的做法表示了肯定。之前，我曾和父母就奖学金的理财计划进行了探讨。我的父母给予我充分的自主权。妈妈对我说："最让我们欣慰的其实不是你的成绩，而是你成长为一个知恩图报和心地善良的人。"爸爸打趣道："同志仍须努力啊！"我在电话这边笑着点点头："当然，当然。"

现在回想起这段可以被命名为"最开心"的经历，仍然使我心存温润之感。现在，每当我在生活中遇到困难或有所失意时，我似乎总能感受到背后有一种巨大的精神力量在支持我前进，让我的内心归复平静，感到丰盈而充实。

◇　说明：本书主撰李庆安教授在给北京师范大学本科生上《教育心理学》时，曾经布置过一道作业，要求学生们采用"行为事件内省法"，细致地内省并描述过去一年里他们最开心的一件事情。文学院2007级本科生柴慈瑾同学撰写的事件，从内容和形式看，都是一篇佳作，故特选为"行为事件内省法操作实例"。为保持"原汁原味"，除添加标题外，我们未对该文作任何改动。

附录3　行为事件访谈法操作指南

尊敬的领导：您好！

您是一位人格上有魅力、工作上魄力的领导，我希望请教您几个问题。

我目前的问题，主要围绕一个主题，即：在过去一年中，您自己工作上最成功（或最遗憾）的一件事情。

您回答的时候，可以采用"行为事件内省法"。行为事件内省法的关键，在于 STAR 技术。STAR 是行为事件内省所依据的四大线索，其中，S 代表 Situation（情境），T 代表 Task（任务），A 代表 Action（行动），R 代表 Result（结果）。

一、以 S（情境）为线索，内省并回答 6 个问题：

（1）这件最成功（或最遗憾）的事情是什么？

（2）这件事情的焦点是什么？

（3）做这件事时，采用了什么方法？

（4）能否指明做这件事的时间与地点？

（5）除了您之外，这件事情还涉及到哪些人？

（6）做这件事的直接原因是什么？间接原因又是什么？

二、以 T（任务）为线索，内省并回答 3 个问题：

（1）做这件事，是为了达到哪些目标？

（2）做这件事，碰到了哪些障碍？

（3）做这件事，需要完成哪些任务？

三、以 A（行动）为线索，内省并回答 6 个问题：

（1）当时，您觉察到了些什么？例如，您看到或听到了什么？

（2）当时，什么情绪伴随着您？例如，快乐、悲伤或愤怒的情绪；再如，厌恶、惊讶或恐惧的情绪。

（3）当时，您想到了些什么？

（4）当时，您说了些什么？做了些什么？

（5）当时，您为什么要那样想、那样说、那样做？

（6）当时，您对其他人采取了何种态度（如接纳或排斥）？

四、以 R（结果）为线索，内省并回答 3 个问题：

（1）这件事产生了哪些积极的成果？

（2）这件事导致了哪些问题？

（3）相关的人物给了您什么样的反馈？

◇ 本指南系李庆安与金丽平合作研制。

附录4　行为事件访谈录音整理格式

访 谈 者：

被 访 者：（须注明其姓名、性别、出生年月和职务等内容）

访谈时间：

访谈地点：

整理时间：

整 理 者：

材料长度：（以时间计算）

人　物	对　话	管理品质
访谈者		
被访者		
访谈者		
被访者		
访谈者		
被访者		
访谈者		
被访者		
访谈者		
被访者		
访谈者		
被访者		
访谈者		
被访者		
访谈者		
被访者		
访谈者		
被访者		

附录5　《论语》管理品质编码格式

ZX	JQX	原始素材及其编码	品质	代码	频次
001	001				
001	002				
001	003				
001	004				
001	005				
001	006				
001	007				
001	008				
001	009				
001	010				
001	011				
002	001				
002	002				
002	003				
002	004				
002	005				
002	006				
002	007				
002	008				
002	009				
002	010				
002	011				
003	001				
003	002				
003	003				
003	004				
003	005				
003	006				
003	007				
003	008				
003	009				

◇　注：(1) ZX 代表总序号，指文章或访谈材料的编号（每一份访谈材料编一个代号）；
(2) JQX 代表句群序号，指文章或访谈材料中句群的编号（每一个句群编一个代号）。

附录6 《论语》管理品质编码实例

ZX	JQX	原始素材	品质	代码	频次
001	001	2005 年 3 月 22 日，江苏省泰州市信访局接待大厅，人很多，多是老人，烦躁不安。 天气有些阴寒，很多上访的老人蜷缩着，坐在椅子上等待。有些人挤在接待窗口，有的人说着说着就大哭起来，有的人突然就发怒…… 在这样的环境中，泰州市信访局长张云泉已工作了 22 年（AHC）。	无倦	AHC	1
		在泰州，张云泉是一个明星式的官员，他走在街上，随时都可能被人认出（AGC）。一个好人，一个好官——是多数百姓对他的评价（AWH）。	民信 功	AGC AWH	2 2
		22 年信访工作，除了解决过无数上访案件（AWH），除了身上的伤痕积累，张云泉还有很多故事在民间流传（AGC）。	劳	AXC	1
001	002	**为含冤老人拍案** "在遇到张局长之前，人家都说我的案子是翻不了的。"王友德老人说。 他的家里迄今还存有几百斤纸，都是反映情况的材料。他说，十多年的上访，他用掉了一吨多纸。 王友德原是泰州市某企业的中层干部，1983 年被捕。按王的说法，他当年是因没有满足厂领导对房子的无理要求，而得罪了人，以莫须有的罪名入狱。1983 年，王友德被判刑 4 年，			

ZX	JQX	原始素材	品质	代码	频次
001	002	他不服而上诉。1985 年，法院终审判决王犯有诈骗罪，因悔罪表现较好而免予刑事处罚。王友德回家后，得知他的父母因着急而染病，在 1984 年相继离世。 认为自己无罪的王友德，捧着父母的遗像开始上访。他到处反映情况，但奔波数十年而无果。王友德说，他几近绝望。 1996 年，王友德听说泰州市信访局长张云泉很为百姓办事（CAB），他便到信访局去找（AGC）。 在信访局，王友德抱着张云泉的腿说，十多年的冤狱一直平反不了，真的不想活了，想把当初陷害他的领导和审判的法官都杀了，然后自杀。	务民 民信	CAB AGC	1 1
001	003	张云泉扶起王友德（CAB），说：你若这样做，不仅毁了你自己，你的家人以后也没法生活了（ANB）。他希望王友德冷静下来，等待信访处理（AFA）。 王友德说，当时张的话打消了他杀人的念头，但他并没对张产生信任。他上访了那么多年，问题解决不了，他不太相信会有人能真正帮他。 王友德后来又上访到江苏省高院，高院的人说：你们泰州的信访局长怎么那么厉害，为了一个案子……到高院来拍了桌子（GWF）。 王友德非常惊讶，他说，那一刻他才知道张云泉真的在为他的事操劳（AXC）。	务民 正人 谋 勇 劳	CAB ANB AFA GWF AXC	1 1 1 1 1

ZX	JQX	原始素材	品质	代码	频次
001	003	一个地级市的信访局长到省高院去据理力争、拍桌子的故事，自此在民间和官场流传（AWH）。	功	AWH	1
		为王友德案，张云泉奔波了 3 年（AHC）。1999 年 6 月，泰州市中院判决王友德无罪。	无倦	AHC	1
		接到判决书后，王友德嚎啕大哭。			
001	004	**收养上访户的女儿** 2005 年 3 月 25 日，泰州市海陵中路明珠鲜花店内，22 岁的方小娟在插一束康乃馨。 在这个城市，插花师方小娟算是名人了。她春节前刚结婚，她的婚礼有市领导参加。 她的"出名"是因为与张云泉的故事。 方小娟 4 岁时，父亲突发脑溢血而亡，母亲戚华英不堪打击，精神几近崩溃。根据泰州当地相关部门介绍，遭受打击后的戚华英得了偏执性精神病，她认为丈夫是被"谋杀"的。1986 年起，戚华英带着幼小的女儿往返于各地上访，为丈夫"讨说法"，一去就是十多年。 十多年中，方小娟和母亲住桥洞、车站，捡破烂，吃捡来的东西。方小娟后来对记者回忆，有一次她们在一个火车站睡着了，半夜被人赶出去，正下雪，冻得发抖，冷到骨头里。			

ZX	JQX	原始素材	品质	代码	频次
001	004	十多年里，方小娟和母亲先后被收容遣送 150 多次。 　　对于泰州来说，这对母女上访户无疑成为一个大难题。1996 年，戚华英母女上访的事被移交泰州市信访局，张云泉接过了这个任务（AZB）。	臣臣	AZB	1
001	005	1997 年的一天，方小娟和母亲回到了老家。张云泉听说后，驱车 70 多公里赶到方家（AXC）。因为屡被"抓"和遣送，小娟和母亲以及方家亲戚均以为"政府来的人"是来抓人的。当张云泉靠近时，方小娟放出了家里的大黑狗，敌意地看着张。	劳	AXC	1
		张云泉避开黑狗，走进了方家。他看到那房子里散乱着桌椅和锅碗，便开始帮忙收拾（CAB）。方家的人看着，说，"不是来抓人的啊？"张云泉说，我听说你们回来了，来看看，怎么变成抓人呢（CAB）？ 　　之后，张经常去看望方小娟和她的母亲（CAB）。	务民	CAB	4
		他发现，多年的上访生活，使得方小娟落下一身病，而小娟的母亲精神上有些恍惚（GHA）。	察	GHA	1
		之后，张云泉把方小娟的母亲送到医院治疗，并把方小娟送到学校读书（CIE）。	爱人	CIE	1
		通过当时的影像记录来看，一次在张云泉带小娟看病的路上（CAB），小娟的姨妈说，张局长比小娟的亲生父亲对小娟还好（AWH）。	功	AWH	1

ZX	JQX	原始素材	品质	代码	频次
001	006	张云泉夸小娟考试考得好（EGF），并夸她的字写得好（EGF）。	嘉善	EGF	2
		张对小娟开玩笑说："将来大伯老了到你这里来，你还理我吗？这个老头子哪里来的，滚！（AOA）"方小娟笑了，说："不可能。"张云泉看见方小娟的笑，说："今天方小娟才给我有了个笑脸，我再辛苦，也高兴了（AOA）。"	说	AOA	2
		在这次看病途中，张云泉对小娟说，你又没有爸爸，以后叫我干爸吧，我收你这个干姑娘（CIE）。	爱人	CIE	3
		在方小娟读了几个月的书后，她的母亲戚华英精神上也好了很多。从医院出来的戚华英又带着小娟跑去上访。小娟此时已不能忍受在外面的风雨和桥洞生活，一个人回到了家乡。			
		方小娟想到了张云泉，并给他打电话。张云泉将小娟接到泰州自己的家里（CIE）。自此，小娟成为张家的一名成员。直到结婚，方小娟都住在张家。方小娟结婚时，张云泉夫妇以父母的身份出现（CIE）。对于方小娟来说，因为遇到张云泉，她的人生回到了正常的轨道（AWH）。	功	AWH	1
		她的生活里，自此有家，有干爸、干妈和哥哥，有了爱。			
001	007	**与一个包工头的斗争**			
		张云泉和一个包工头的"斗争"，也是张云泉故事中流传很广的（AGC）。	民信	AGC	1

ZX	JQX	原始素材	品质	代码	频次
001	007	他的同事、朋友，他的同事、朋友认识的人……很多人都会提到。 　　去年夏天，一个施工单位没有施工手续就开始挖地基。挖地基过程中形成一个大坑，经暴雨冲刷，导致下陷和渗水，直接威胁到周围居民楼的安全。周围群众要求停工，包工头叫来了一些人，殴打群众。为此，群众到市政府集访。 　　张云泉赶到现场后（ABB），喝令包工头停工（GWF）。包工头问：你是谁？	为政勇	ABB GWF	2 1
		张云泉说：我是信访局长张云泉。 　　包工头说：信访局长算个屁？ 　　…… 　　张云泉立刻召集了两个主管部门的领导和当地居委会的人开会（AWG），协商解决问题（ABB）。在会上，张云泉希望那两个主管部门的领导能站出来解决问题（AFA），结果那两个领导并不发言。而那个包工头，点着烟，翘着腿，满脸无所谓的样子。	敏谋	AWG AFA	1 1
		对于张云泉的问话，他答道：我没义务回答你的问题。 　　张云泉拍案道：你财大不要气粗！我不信邪（BEB）！	犯	BEB	1
001	008	在会上，那两个领导并不支持张云泉的意见。张云泉怒道：在是非面前，要保证对群众利益负责（CAB）！张云泉提出，相关部门应该立即履行	务民	CAB	1

ZX	JQX	原始素材	品质	代码	频次
001	008	各自的职责，核查该单位的施工问题（ABB）。他指出，如果相关部门在这个问题上迁就施工单位、欺负百姓，他将建议市纪委、监察部门按失职、渎职查处（CBF）。 　　相关领导和包工头急了。 　　事后，包工头提出请张去当地最好的洗浴场所、找最好的"小姐"，张云泉说：我是当过海军的，在太平洋里游过泳，都没有淹死，"小姐"陪游泳的高档浴池的水能淹死我吗？他说，一定会按原则办事（AIA）。 　　经过张云泉和各方的努力，此事得以解决，从根本上平息了群众的怒气（AWH）。而半年后，当时不支持解决问题的那两个主管部门领导锒铛入狱。纪委查出，他们曾收受那个包工头的巨额贿赂。	为政 咎 正 功	ABB GBF AIA AWH	1 1 1 1
001	009	**给失明老人洗脚** 　　信访局长张云泉，曾给一个上访的老人洗过脚（CAB）。老人姓何，很多人说，为老何一家，张云泉忙了18年（AHC）。 　　上世纪60年代，老何的爱人被错误地下放到农村。因孩子的户口随母亲，老何的孩子成年后，因农村户口而没有在城里就业的机会，一家五口靠老何微薄的收入支撑着。为此老何多次上访，甚至拦过市领导的车。	务民 无倦	CAB AHC	1 1

ZX	JQX	原始素材	品质	代码	频次
001	010	1986 年，原泰州市（县级）的领导把老何一家的问题交给了张云泉。在张的努力下，当年老何爱人的户口就调回了城里，他又想办法安排老何的一个孩子做了临时工（CAB）。1992 年，经张云泉多方协调，这个孩子又转为正式职工（AWH）。	务民 功	CAB AWH	1 1
001	011	多年的生活磨难，使老何落下了一身病。2004 年，老何双目失明，后又因心脏病住院。此时，张云泉赶到医院探望（CAB）。	务民	CAB	3
		张云泉到的时候，正赶上老何的老伴打了一盆水让老何洗脚。因为失明的原因，老何不小心将水泼了出去。这引起了老何突然的愤怒和伤感，他一脚将盆踢翻，说：如果不是当年被错误下放，哪会落到这般境地？			
		看到这一切，张云泉默默捡起脚盆，打来一盆水（AXC），蹲下身，给老何洗脚（CAB）。	劳	AXC	1
		老何双手抱住张云泉的肩膀，眼泪滴落在他的头发上（AGC）。	民信	AGC	2
		老何病危的时候，张云泉一直守在他身边（CAB）。老何拉着张云泉的手，对家里人说：我死以后谁也不许再找政府上访了（AGC）……			

◇　注：(1) ZX 代表总序号，指文章或访谈材料的编号（每一份访谈材料编一个代号）；(2) JQX 代表句群序号，指文章或访谈材料中句群的编号（每一个句群编一个代号）。

附录7 许多人的命运因他而转变
——信访局长张云泉之故事

宋喜燕

2005年3月22日，江苏省泰州市信访局接待大厅，人很多，多是老人，烦躁不安。

天气有些阴寒，很多上访的老人蜷缩着，坐在椅子上等待。有些人挤在接待窗口，有的人说着说着就大哭起来，有的人突然就发怒……

在这样的环境中，泰州市信访局长张云泉已工作了22年。

在泰州，张云泉是一个明星式的官员，他走在街上，随时都可能被人认出。一个好人，一个好官———是多数百姓对他的评价。

22年信访工作，除了解决过无数上访案件，除了身上的伤痕积累，张云泉还有很多故事在民间流传。

为含冤老人拍案

"在遇到张局长之前，人家都说我的案子是翻不了的。"王友德老人说。

他的家里迄今还存有几百斤纸，都是反映情况的材料。他说，十多年的上访，他用掉了一吨多纸。

王友德原是泰州市某企业的中层干部，1983年被捕。按王的说法，他当年是因没有满足厂领导对房子的无理要求，而得罪了人，以莫须有的罪名入狱。1983年，王友德被判刑4年，他不服而上诉。1985年，法院终审判决王犯有诈骗罪，因悔罪表现较好而免予刑事处罚。王友德回家后，得知他的父母因着急而染病，在1984年相继离世。

认为自己无罪的王友德，捧着父母的遗像开始上访。他到处反映情况，但奔波数十年而无果。王友德说，他几近绝望。

1996年，王友德听说泰州市信访局长张云泉很为百姓办事，他便到信访局去找。

在信访局，王友德抱着张云泉的腿说，十多年的冤狱一直平反不了，真的不想活了，想把当初陷害他的领导和审判的法官都杀了，然后自杀。

张云泉扶起王友德，说：你若这样做，不仅毁了你自己，你的家人以后也没法生活了。他希望王友德冷静下来，等待信访处理。

王友德说，当时张的话打消了他杀人的念头，但他并没对张产生信任。他上访了那么多年，问题解决不了，他不太相信会有人能真正帮他。

王友德后来又上访到江苏省高院，高院的人说：你们泰州的信访局长怎么那么厉害，为了一个案子……到高院来拍了桌子。

王友德非常惊讶，他说，那一刻他才知道张云泉真的在为他的事操劳。

一个地级市的信访局长到省高院去据理力争、拍桌子的故事，自此在民间和官场流传。

为王友德案，张云泉奔波了3年。1999年6月，泰州市中院判决王友德无罪。

接到判决书后，王友德嚎啕大哭。

收养上访户的女儿

2005年3月25日，泰州市海陵中路明珠鲜花店内，22岁的方小娟在插一束康乃馨。

在这个城市，插花师方小娟算是名人了。她春节前刚结婚，她的婚礼有市领导参加。

她的"出名"是因为与张云泉的故事。

方小娟4岁时，父亲突发脑溢血而亡，母亲戚华英不堪打击，精神几近崩溃。根据泰州当地相关部门介绍，遭受打击后的戚华英得了偏执性精神病，她认为丈夫是被"谋杀"的。1986年起，戚华英带着幼小的女儿往返于各地上访，为丈夫"讨说法"，一去就是十多年。

十多年中，方小娟和母亲住桥洞、车站，捡破烂，吃捡来的东西。方小娟后来对记者回忆，有一次她们在一个火车站睡着了，半夜被人赶出去，正下雪，冻得发抖，冷到骨头里。

十多年里，方小娟和母亲先后被收容遣送150多次。

对于泰州来说，这对母女上访户无疑成为一个大难题。1996年，戚华英母女上访的事被移交泰州市信访局，张云泉接过了这个任务。

1997年的一天，方小娟和母亲回到了老家。张云泉听说后，驱车70多公里赶到方家。因为屡被"抓"和遣送，小娟和母亲以及方家亲戚均以为"政府来的人"是来抓人的。当张云泉靠近时，方小娟放出了家里的大黑狗，敌意地看着张。张云泉避开黑狗，走进了方家。他看到那房子里散乱着桌椅和锅碗，便开始帮忙收拾。方家的人看着，说，"不是来抓人的啊？"张云泉说，我听说你们回来了，来看看，怎么变成抓人呢？

之后，张经常去看望方小娟和她的母亲。他发现，多年的上访生活，使得方小娟落下一身病，而小娟的母亲精神上有些恍惚。之后，张云泉把方小娟的母亲送到医院治疗，并把方小娟送到学校读书。

通过当时的影像记录来看，一次在张云泉带小娟看病的路上，小娟的姨妈说，张局长比小娟的亲生父亲对小娟还好。张云泉夸小娟考试考得好，并夸她的字写得好。张对小娟开玩笑说："将来大伯老了到你这里来，你还理我吗？这个老头子哪里来的，滚！"方小娟笑了，说："不可能。"张云泉看见方小娟的笑，说："今天方小娟才给我有了个笑脸，我再辛苦，也高兴了。"

在这次看病途中，张云泉对小娟说，你又没有爸爸，以后叫我干爸吧，我收你这个干姑娘。

在方小娟读了几个月的书后，她的母亲戚华英精神上也好了很多。从医院出来的戚华英又带着小娟跑去上访。小娟此时已不能忍受在外面的风雨和桥洞生活，一个人回到了家乡。

方小娟想到了张云泉，并给他打电话。张云泉将小娟接到泰州自己的家里。自此，小娟成为张家的一名成员。直到结婚，方小娟都住在张家。方小娟结婚时，张云泉夫妇以父母的身份出现。

对于方小娟来说，因为遇到张云泉，她的人生回到了正常的轨道。

她的生活里，自此有家，有干爸、干妈和哥哥，有了爱。

与一个包工头的斗争

张云泉和一个包工头的"斗争"，也是张云泉故事中流传很广的。他的同事、朋友，他的同事、朋友认识的人……很多人都会提到。

去年夏天，一个施工单位没有施工手续就开始挖地基。挖地基过程中形成一个大坑，经暴雨冲刷，导致下陷和渗水，直接威胁到周围居民楼的安全。周围群众要求停工，包工头叫来了一些人，殴打群众。为此，群众到市政府集访。

张云泉赶到现场后，喝令包工头停工。

包工头问：你是谁？

张云泉说：我是信访局长张云泉。

包工头说：信访局长算个屁？

……

张云泉立刻召集了两个主管部门的领导和当地居委会的人开会，协商解决问题。

在会上，张云泉希望那两个主管部门的领导能站出来解决问题，结果那两个领导并不发言。而那个包工头，点着烟，翘着腿，满脸无所谓的样子。

对于张云泉的问话，他答道：我没义务回答你的问题。

张云泉拍案道：你财大不要气粗！我不信邪！

在会上，那两个领导并不支持张云泉的意见。张云泉怒道：在是非面前，要保证对群众利益负责！张云泉提出，相关部门应该立即履行各自的职责，核查该单位的施工问题。他指出，如果相关部门在这个问题上迁就施工单位、欺负百姓，他将建议市纪委、监察部门按失职、渎职查处。

相关领导和包工头急了。

事后，包工头提出请张去当地最好的洗浴场所、找最好的"小姐"，张云泉说：我是当过海军的，在太平洋里游过泳，都没有淹死，"小姐"陪游泳的高档浴池的水能淹死我吗？他说，一定会按原则办事。

经过张云泉和各方的努力，此事得以解决，从根本上平息了群众的怒气。而半年后，当时不支持解决问题的那两个主管部门领导锒铛入狱。纪委查出，他们曾收受那个包工头的巨额贿赂。

给失明老人洗脚

信访局长张云泉，曾给一个上访的老人洗过脚。老人姓何，很多人说，为老何一家，张云泉忙了 18 年。

上世纪 60 年代，老何的爱人被错误地下放到农村。因孩子的户口随母亲，老何的孩子成年后，因农村户口而没有在城里就业的机会，一家五口靠老何微薄的收入支撑着。为此老何多次上访，甚至拦过市领导的车。

1986 年，原泰州市（县级）的领导把老何一家的问题交给了张云泉。在张的努力下，当年老何爱人的户口就调回了城里，他又想办法安排老何的一个孩子做了临时工。1992 年，经张云泉多方协调，这个孩子又转为正式职工。

多年的生活磨难，使老何落下了一身病。2004 年，老何双目失明，后又因心脏病住院。此时，张云泉赶到医院探望。

张云泉到的时候，正赶上老何的老伴打了一盆水让老何洗脚。因为失明的原因，老何不小心将水泼了出去。这引起了老何突然的愤怒和伤感，他一脚将盆踢翻，说：如果不是当年被错误下放，哪会落到这般境地？

看到这一切，张云泉默默捡起脚盆，打来一盆水，蹲下身，给老何洗脚。

老何双手抱住张云泉的肩膀，眼泪滴落在他的头发上。

老何病危的时候，张云泉一直守在他身边。老何拉着张云泉的手，对家里人说：我死以后谁也不许再找政府上访了……

◇ 本文来源：京华时报，2005 年 4 月 7 日。

参考文献

Ames, C., & Archer, J.（1987）. Mothers' belief about the role of ability and effort in school learning. Journal of Educational Psychology, 18, 409-414.

Ames, C., & Archer, J.（1988）. Achievement goals in the classroom: Students' learning strategies and motivational processes. Journal of Educational Psychology, 80, 260-267.

Haggbloom, S. J., Warnick, R., Warnick, J. E., Jones, V. K., Yarbrough, G. L., Russell, T. M., Borecky, C. M., McGahhey, R., Powell, J. L., Beavers, J., & Monte, E.（2002）. The 100 most eminent psychologists of the 20th Century. Review of General Psychology, 6, 139-152.

Wikipedia（2011）. Situation, Task, Action, Result. 2011 年 6 月 3 日提取于 http://en.wikipedia.org/wiki/Situation,_Task,_Action,_Result.

陈桂棣、春桃（2009）. 小岗村的故事. 2010 年 9 月 4 日提取于 http://www.qidian.com/BookReader/1404050,25503105.aspx

陈立、汪安圣（1965）. 色、形爱好的差异. 心理学报，第 10 卷第 3 期，265-269.

杜维明（2002）. 杜维明文集第二卷. 武汉：武汉出版社.

郭沫若（2005）. 青铜时代. 北京：中国人民大学出版社.

林崇德（2008）. 我的心理学观：聚焦思维结构的智力理论. 北京：商务印书馆.

林崇德（2010）. 林崇德口述历史. 北京：北京师范大学出版社.

林仲贤、赵莉如（1992）. 中国心理学会七十年发展史略. 心理学报，第 2 期,217-222.

吕国荣（2008）. 企业家《论语》心得. 北京：中国青年出版社.

南怀瑾（1990）. 论语别裁. 上海：复旦大学出版社.

[瑞士] 皮亚杰（1981）. 发生认识论（王宪钿等译）. 北京：商务印书馆.

潘菽（2007）. 潘菽全集第四卷. 北京：人民教育出版社.

宋喜燕（2005-04-07）. 许多人的命运因他而转变：信访局长张云泉之故事. 京华时报.

钱铭怡（1994）.心理咨询与心理治疗.北京：北京大学出版社.

钱穆（2002）.论语新解.北京：三联书店.

王文锦（2001）.礼记译解.北京：中华书局.

夏传才（2007）.论语讲座.桂林：广西师范大学出版社.

薛攀皋（2007）.高端权力介入与中国心理学沉浮.炎黄春秋，第8期.

燕国材（1998）.中国心理学史.杭州：浙江教育出版社.

俞如先（1999）.对家庭联产承包责任制的分析.2010年9月4日提取于 http://www.66163.com/Fujian_w/news/mxrb/990121/2-6.htm

［清］张玉书等（1958）.康熙字典.北京：中华书局.

［宋］朱熹（1983）.四书章句集注.北京：中华书局.

朱智贤、林崇德、董奇、申继亮（1991）.心理学研究方法：北京：北京师范大学出版社.